图说人文中国

主编 范子烨

大朝盛衰

图说元代

陈煜 撰

商务印书馆
The Commercial Press
创于1897

2016年·北京

图书在版编目(CIP)数据

大朝盛衰:图说元代/陈煜撰.—北京:商务印书馆,2016
(图说人文中国)
ISBN 978-7-100-12394-5

Ⅰ.①大… Ⅱ.①陈… Ⅲ.①文化史—中国—元代—图集 Ⅳ.①K247.03-64

中国版本图书馆 CIP 数据核字(2016)第 164265 号

所有权利保留。
未经许可,不得以任何方式使用。

大朝盛衰——图说元代
陈　煜　撰

商　务　印　书　馆　出　版
(北京王府井大街36号　邮政编码100710)
商　务　印　书　馆　发　行
北京新华印刷有限公司印刷
ISBN 978-7-100-12394-5

2016年12月第1版　　开本 787×1092　1/16
2016年12月北京第1次印刷　印张 10¼
定价:38.00元

目录

导　读　／ 001

政权篇

蒙古崛起 ／ 006

成吉思汗的继承人们 ／ 008

西藏与云南的归附 ／ 010

元朝的建立 ／ 012

大一统 ／ 013

四大汗国各自为政 ／ 014

等级制度 ／ 017

帝位纷争 ／ 019

帝国崩溃前夕 ／ 021

天下反 ／ 023

北走大漠 ／ 025

人物篇

成吉思汗 ／ 028

忽必烈 ／ 030

八思巴 ／ 033

赛典赤·赡思丁 ／ 036

赵孟頫 ／ 038

郭守敬 ／ 040

关汉卿 ／ 043

军事篇

十三翼之战 ／ 046

金朝攻略 ／ 048

西征 ／ 050

襄樊战役 ／ 052

元日战争 ／ 055

经济篇

农业 ／ 060

纸币 ／ 062

手工业 ／ 065

海外贸易 ／ 067

工艺篇

纺织 ／ 070

青花瓷 ／ 072

金银器 ／ 074

都城篇

哈剌和林 ／ 078

上都 ／ 080

大都 ／ 083

中都 ／ 086

交通篇
- 驿道 / 090
- 运河 / 093
- 海运 / 095
- 邻邦 / 097
- 马可·波罗 / 099

文化篇
- 理学 / 104
- 史学 / 106
- 出版印刷 / 108
- 八思巴字 / 110

艺术篇
- 书法 / 114
- 绘画 / 116
- 杂剧 / 119

科技篇
- 天文观测 / 122
- 火药 / 124
- 农学 / 126
- 地理学 / 128

宗教篇
- 汉传佛教 / 132
- 全真教 / 133
- 正一教 / 136
- 藏传佛教 / 139
- 基督教 / 141
- 伊斯兰教 / 143

风俗篇
- 袍服 / 146
- 笠帽·罟罟冠 / 148
- 蹴鞠·马球·步打球 / 150
- 骑射·围猎 / 153
- 饮酒 / 154

结　语 / 157

导 读

13世纪初期的世界处于动荡不安之中：教皇英诺森三世发动了第四次十字军东征，拜占庭帝国因此失去了君士坦丁堡；抗击十字军的英雄萨拉丁尸骨未寒，他缔造的阿尤布王朝已经在弟弟和儿子们的争斗中分崩离析；最早的俄罗斯国家基辅罗斯陷入连年混战；花剌子模雄踞中亚，正在努力从古尔王朝手中夺取阿富汗。在亚欧大陆的东部，金朝进入了史称"明昌之治"的鼎盛时期，但是危机四伏。偏安江南的南宋朝野一片"抗金"之声，准备北伐。西夏则正酝酿着一场宫廷政变。这样的环境给原先被金朝控制的中国北方草原的蒙古部提供了发展壮大的机会。

在历经种种艰苦磨难之后，成吉思汗统一了草原部落，并转化为游牧背景下的国家，然后向文明社会发起了挑战。原始的天命观念使他相信自己受命于上天，应该成为世界的主宰，因此展开了一次又一次的征服行动。在他死后，他的子孙继承了这个信念。黄金家族的三代人用了六十年左右的时间，营建了人类有史以来最大的国家，对欧洲和亚洲的历史进程产生了巨大的影响。在汉语里，他们自称为"大朝"。尽管在内部他们分裂、对立，而且互相攻伐，但在广义上，蒙古人构造了一个相对统一的大环境。

作为大蒙古国的一个组成部分，元朝从建立之初就将自己定位

在中原正朔。忽必烈通过推行汉化政策获得了中原士人的支持，获取了竞争最高权力的资本，并且赢得最终胜利，同时他也因此失去了大蒙古国大多数领土。南宋被平定后，中国再次恢复到统一状态。在这个过程中，西藏和云南被添加到中国版图里。这两块土地都有着浓厚的地方特色，因此元朝政府采取了不同的针对性措施加以管理。

忽必烈将草原国家改造为中原王朝正统的延续，但是又对汉族士人深怀戒心，还要面对来自蒙古保守势力的压力，导致了国家政策总在遵循蒙古旧俗、用回回人理财和执行汉法之间摇摆不定。为了更好地统治中国，蒙古人做了许多尝试，但是几乎所有的努力都被他们自己破坏了。实质上存在的民族等级制度使各阶层之间矛盾重重，形成了足以瓦解社会安定的对立。在传统中原王朝里充当中坚力量的知识分子阶层失去了参与政治的机会，虽然仍然保有一定地位和优越待遇，但统治者事实上表现出的漠视令他们更加痛苦。元朝中后期皇位的更替往往伴随着激烈的斗争，草原的后代用暴力作为解决问题的主要方式，而且失败的一方注定要被清洗。胜利者来自不同的文化背景，所以政策总在发生变化。这些都严重地削弱了这个王朝。

早期的蒙古人对被征服地进行大规模屠杀和掠夺，沉重打击了中国的经济，最明显的是南方与北方间人口差距和经济发展差距的增大。但是随着统治政策的转变，元朝经济还是得到了发展：全国统一结束了以往各地区的经济分隔；蒙古统治者对商业非常重视；政府的重农政策令农业恢复得很快；大蒙古国的广阔疆域带来了中西交通的畅通，使国际贸易进入新境界。这些都是推动经济的有利条件，虽然未能突破两宋时期的高峰，但是中国整体经济的发展并未受到影响。

从逐水草而居，到拥有自己的城市，蒙古人在征服世界的同时，自身也在发生变化。由于自身文化的落后，蒙古的统治者们希望用自己的传统来抵御被同化的可能，在一定程度上他们确实做到了这一点，直到退出中原，他们中的很多人还是宁愿在城市中搭建毡帐生活。他们通过自身的强势地位将本民族的流行文化带入了中原和江南，并且对这个国家的其他各族民众也产生了一

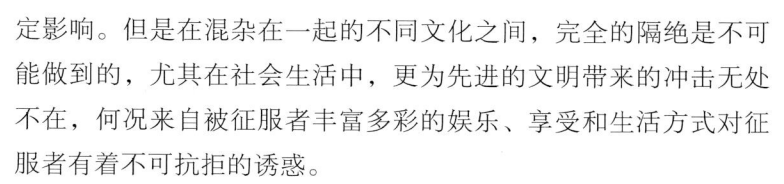

定影响。但是在混杂在一起的不同文化之间，完全的隔绝是不可能做到的，尤其在社会生活中，更为先进的文明带来的冲击无处不在，何况来自被征服者丰富多彩的娱乐、享受和生活方式对征服者有着不可抗拒的诱惑。

将元朝与外部世界连接起来的交通线主要有两大系统，一是以古代丝绸之路为基础发展起来的陆路，一是延伸了前代贸易路线的海道。大蒙古国的相对统一为欧洲与亚洲之间的干线保障了一个世纪左右的畅通，而海上交通线的增长也与伊利汗国称雄西亚很有关系。元朝统治者从前人那里继承了这份遗产，并加以发扬光大，当时世界上首屈一指的驿道交通因此可以从元朝的任何一个地方通达远方的伊利汗国和钦察汗国。借助这些路线，中外的旅行家、商人、传教士和使者自由往来，使中国与世界前所未有地紧密联系起来。

宋朝曾是当时世界上最发达的国家，它的许多科技遗产直接被征服者们接收了。元朝建立后一段时间内的经济繁荣，也为科技的发展奠定了坚实的物质保证。原大蒙古国疆域内空前便利的交通，使中外交流更为紧密和深入，也给中国的科学家们接触其他地区的成果提供了良好的条件。在这些基础上，元代的科技达到了一个新的境界。空前发达的中外关系，又使中国的科技成就得以向西方广泛传播，对人类历史的发展起到了重要的作用。

即使有一些元朝君主曾经接受过正统的中原教育，但他们仍然无法了解其中的精髓。元朝的统治者采取了相当宽容的态度，使中国文化能够相对自由地发展。在民族等级制压迫下的传统文人，由于失去了参与政治的可能，于是转而将才能投向更广阔的天地。从未有过如此多的文人直接参与到文学和艺术创作中，他们的素养为元朝的文化营造出了一个崭新的局面。而文人们失去了原有的地位，也让他们更为深入地接触生活，给各种艺术形式带来了生命力。

统治者们也希望建立自己的文化模式，然而对于从落后的草原直接闯入文明世界的他们来说，所能认识和了解的文化形式几乎只有宗教，这使他们将各种宗教抬高到前所未有的地位。萨满崇拜决定了蒙古人对待宗教的态度，他们认为宗教人士都在以自己的方法与上天沟通，教派的差别只是因为方法不同。成吉思汗奠定了对各种宗教一视同仁的政策，这种做法一直贯穿了蒙元时期。实际上很难说蒙古统治者们真的笃信某种宗教，他们只是利用宗教人士们为自己"告天祝寿"，并通过宗教的力量羁縻人民。虽然元朝建立后，藏传佛教获得了高出其他教派的待遇，但这种情况的发生并不只是因为宗教上的原因，其他宗教也没有因此失去地位。元朝政府的宗教政策十分灵活，每当一种宗教或教派的影响力过于强大，就必然会受到来自政府的压力。总的来说，元朝的宗教政策十分宽松，一些在以往被视为异端的教派也能够很好地发展，他们中的一支直接导致了这个强大帝国的灭亡。

政权篇

蒙古崛起

在13世纪的漠北草原上散布着一些逐水草而居的游牧部落，各部之间、部落内的贵族之间，为了掠夺更多的财富、土地和属民，进行着无休止的战争。

蒙古部乞颜氏首领铁木真在克烈部首领王罕和札答兰部首领札木合的帮助下，成为草原上的新兴势力。公元1196年，铁木真与王罕联合，帮助金朝军队重创了塔塔儿部，得到了金朝的封赏，大大提高了铁木真的地位。以后几年，铁木真先后消灭了泰赤乌部和塔塔儿部，占领了东部草原，使草原上出现了西面的蒙古部、中间的克烈部和东边的蒙古部三足鼎立的局面。

王罕对铁木真的壮大深感不安，札木合乘机与他联合发动了突然袭击，试图重创铁木真。然而铁木真通过运用计谋，瓦解了反对他的联盟，王罕放松了警惕，札木合投向了乃蛮部。公元1203年的春天，铁木真向王罕发起了最后的攻击，消灭了克烈部。王罕和他的儿子虽然暂时逃脱，但是不久后相继被其他部落杀死。

| 成吉思汗马鞍

| 錾花铜重甲

政权篇

此后实力非常强大的部落乃蛮和篾儿乞部的残余先后遭到铁木真的致命打击，铁木真成为草原上最后的胜利者，于是他在公元 1206 年召开了有家族成员、部下将领和归附的部落领袖参加的忽里台大会。忽里台的意思是大聚会，指的是蒙古部落时期，首领们商议选举领袖、决定战争等重大事件的会议。

此次大会推举铁木真为成吉思汗，"成吉思"的明确含义，后人众说纷纭。也是在这次大会上，成吉思汗建立了大蒙古国。原来草原上各有名称的部落归属在大蒙古国的旗下，逐渐形成了统一的民族共同体——蒙古族。

| 萨满服饰

成吉思汗的继承人们

公元 1227 年七月，66 岁的成吉思汗在讨伐西夏的战争中去世。他的三子窝阔台在公元 1229 年召开的忽里台大会上，由于得到二哥察合台的强力支持而登上汗位。窝阔台敦厚而有智略，是成吉思汗各项政策的忠实执行者，在他的领导下，大蒙古国彻底消灭了花剌子模和金，继续了对西方的征服，又开始进行对南宋的进攻。在公元 1241 年一次出猎的途中，窝阔台因饮酒过量而死。

| 成吉思汗与儿子们

| 窝阔台汗像

在汗位空悬的日子里，窝阔台的第六位皇后脱列哥那获得了摄政的权力，她借此改变了窝阔台传位给孙子失烈门的决定，将自己的儿子贵由推上了大汗的宝座。贵由个性强硬，以执法严峻而闻名，他在母亲死后才开始亲政，亲政后首先做的便是处死母亲所宠信的女巫和回回商人。贵由与成吉思汗长子术赤的儿子拔都在"长子西征"期间结下深怨，所以在公元1248年他开始西巡的时候，很多人都认为他要前去攻打拔都。蒙古帝国的内战似乎一触即发，然而他却在途中不明原因地死去。贵由的正妻斡兀立海迷失顺理成章地成为摄政，这个沉溺于巫术的女人和她的两个儿子将蒙古国搞得一片混乱。

公元1251年夏天，拔都用自己强大的武力做后盾，促成各系诸王和贵族在忽里台大会上共同推举成吉思汗四子拖雷的长子蒙哥为大汗。这个难以被窝阔台和察合台两系接受的建议，在拖雷的遗孀、蒙古历史上最著名的贤母唆鲁和帖尼的斡旋下最终成为事实。蒙哥"刚明雄毅，沉断而寡言"，是蒙古统治者中少有的不喜欢宴饮游乐和奢靡生活的人。为了巩固汗位，他以两个同母弟弟为羽翼，三弟旭烈兀负责新的一次西征，二弟忽必烈则"总理漠南汉地军国庶事"，并主管灭宋的军事行动。在即位之初，蒙哥试图革除积弊，更新庶政，但几乎没有成效。他曾经自豪地宣称"尊祖宗之法，不蹈袭他国所为"，被蒙古人看作是成吉思汗精神的化身。在蒙哥浓厚的保守色彩与忽必烈的新政之间产生了很深的矛盾，险些兄弟反目。

政权篇

西藏萨迦寺

西藏与云南的归附

  窝阔台继位后，派他的次子阔端驻守凉州，正式开始经营西藏地区。公元1240年，蒙古将领多尔达赤率领一支部队深入西藏，对归顺的势力进行招抚，遇到抵抗则武力镇压，很快就顺利地完成了他的使命，拆除了境内各个地方的武装据点，将全藏纳入蒙古帝国的控制之下。接下来蒙古人需要找到一个能够代表西藏的人，当地的高僧推荐了萨迦班智达。班智达是人们对精通佛法以及各种相关知识的高僧的敬称，萨迦班智达的法名是贡嘎坚赞桑布，出自贵族款氏家族。款式家族借助吐蕃王朝崩溃的机会，建立了宗教权威与世俗势力紧密结合的萨迦派教团，萨迦班智达是第四代领袖。在他的领导下，萨迦派已经成为后藏地区最大的一支地方势力。

  萨迦班智达收到了阔端邀请他会面的令旨和礼物，从中看到了能给西藏带来安定，并且使萨迦派发扬光大的机会，于是不顾年老体衰，在公元1244年年底带着两个侄子八思巴和恰那多吉毅然前往凉州。第二年，他与阔端得以见面，并以西藏方面全权代表的身份通过畏兀儿翻译与对方进行会谈，取得了很好的效果。班智达给西藏僧俗领袖们发出了著名的《萨迦班智达贡噶坚赞致乌思藏善知识大德及诸施主的信》，确认了西藏归附，规定了西藏人应尽的义务，又保证了各方首领降附后的利益，而且还确立了萨迦派在西藏僧俗中的领袖地位。从此，作为疆土的一部分，在蒙古由草原国家向中原正统王朝转化的过程中，西藏正式进入了中国版图。

在蒙哥即位后开始的新一轮征服中，总理漠南汉地军国庶事的忽必烈受命攻取大理，为灭亡南宋做准备。这是忽必烈第一次指挥大规模军事行动，他与大将兀良合台于公元1253年秋冬时节率领十万大军借道吐蕃，攻入大理境内。大理的军队进行了顽强的抵抗，但仅仅过了几个月，国都大理城就被攻克。此后，忽必烈北返，将余下的事务交给了兀良合台。大理国王被俘后最终衷心归顺，并且亲自指挥部众带领蒙古军平定了大理全境和周边部落。之后，蒙元政府陆续在大理设立了各级管理机构，使之成为版图中的一部分。

| 大理城门

元朝的建立

公元 1259 年，蒙哥在进攻南宋的战争中病死。由于生前没有指定继承人，他的突然去世给大蒙古国带来了巨大的危机。公元 1260 年三月，从征宋前线匆匆赶回的忽必烈迅速召集了一批支持他的宗王，在开平召开了忽里台大会，宣布继任蒙古国的大汗。一个月后，他的幼弟阿里不哥在哈剌和林做了同样的事。战争随即爆发，兄弟间的争夺持续了五年，以阿里不哥的降附告终。

在争夺汗位的过程中，忽必烈在蒙古方面缺少有力的支持，这使他更多地依赖汉地的资源和汉人的力量。幕僚们竭尽全力将这位新任大汗包装成中原皇帝，并且使用了蒙古国第一个年号"中统"，昭告天下忽必烈延续了中原王朝的正统。汗位之争结束后，年号又改为"至元"。在新政府里，机构的设置很像中国传统模式，行政官员也以汉人或者汉化的契丹人和女真人为主。

| 忽必烈像

| 刘秉忠像

然而汉军世侯李璮在公元1262年发动的兵变使忽必烈对众多的汉军世侯和汉人大臣失去了信任，蒙古人在政府中的比重加强，大力提拔不精政治但是擅长聚敛的回回人，以牵制汉人，在政府里逐渐形成了蒙古人为首，汉、回互相制约的局面。

根据刘秉忠的建议，忽必烈在公元1271年十一月正式将国号改为大元。这个名字出自《易经》，所谓元，意为大到无法形容，用以概括新兴国家前所未有的广阔领土。此后，大蒙古国这个名称只在蒙文文书中还继续沿用，通常是与大元并称，写作"大元大蒙古国"或称为"大元的大蒙古国"。次年，正在兴建中的燕京更名为大都，成为元朝的首都，上都开平变为陪都，完成了统治中心从漠北向中原的转移。再过一年，忽必烈的儿子，31岁的真金正式被册立为皇太子。

大一统

窝阔台在位期间，蒙古人已经开始了对南宋的进攻，虽然攻势止步于长江沿线，但完成了将战场推进到南宋疆域、破坏长江中上游地区的防御设施，以及通过大规模的抄掠来削弱南宋的力量等几个战略目的。窝阔台病逝后，蒙古政权短时间内几度易主，攻宋的计划无法继续实施，双方陷入相持状态。

忽必烈在继位的第二年，再次下达了进攻南宋的命令，但复杂的局势使这一决策直到公元1268年才得以正式实施。接受了降将刘整的建议，蒙古军将进攻的重点放在了长江中游的襄樊地区。五年后襄阳的陷落，预示了南宋的灭亡只是时间的问题。

公元1274年的正月，忽必烈在刚刚落成的皇宫中主持了在元大都的第一次朝会。之后，灭宋的议题再次成为朝廷的焦点。在臣子们充分发表了意见之后，忽必烈做出了灭亡南宋的决定。来自伊利汗国的伯颜被任命为灭宋主帅，出师前忽必烈借用北宋大将曹彬的故事希望他在江南不要滥杀。这意味着蒙古人的观念已经发生了巨大的转变。公元1276年，南宋政府决定归降，5岁的宋恭帝赵㬎与临安的国库、图书、户籍等一起被送往大都。

| 大德八年大都路铜权

　　一些忠义之士奉赵㬎的两个兄弟先后为帝继续抵抗元军，可是他们彼此猜疑，各自为战，在元军强大的攻击下逐一被消灭。李庭芝、姜方被杀，文天祥被俘。三年以后，南宋最后的力量在崖山全军覆没。前后用了四十四年时间，南宋终于被平定，中国再次恢复到统一状态，这是一个规模空前的王朝的开端。

四大汗国各自为政

　　在忽必烈争夺汗位的过程中，大蒙古国发生了巨大的变化，原本就各有打算的几个汗国，借此机会纷纷走向独立。从此以后，承继大汗世系的元朝皇帝只是蒙古诸汗国名义上的共主。

　　成吉思汗的长子术赤及其次子拔都在东起也儿的石河、西至斡罗思、北达今北极圈一带、南越今高加索山直至伊朗的广阔疆域上

《经世大典》西北地图

建立起钦察汗国，又称金帐汗国。钦察汗国通过拥立蒙哥获得实际上的独立地位，名义上一直尊奉元朝皇帝为宗主，礼仪上处于宗藩地位，两国间有着非常密切的往来。拔都的弟弟别儿哥是黄金家族中第一个信奉伊斯兰教的君主，14世纪初，钦察汗国已经演变成为伊斯兰国家，不久，开始走上下坡路。公元1502年，钦察汗的正统政权灭亡了。

察合台汗国的疆域东达今吐鲁番、西及阿姆河、北接花剌子模和塔尔巴哈台山、南临印度。在忽必烈与阿里不哥争位的时候，察合台的后代阿鲁忽背叛了后者，以此换取忽必烈承认他拥有东自金山、西及阿姆河这片广阔地区的实际控制权。14世纪前期，察合台汗国分裂为东、西两个汗国，前者掌握窝阔台汗国旧地，后者控制河中地区，并改信伊斯兰教。公元1370年，西察合台汗国被帖木儿帝国所灭。公元1487年，在长期的内战以后，东察合台汗国也彻底分裂了。

额尔齐斯河上游和巴尔喀什湖以东地区是窝阔台得到的封地，他继任大汗以后，将这块土地给了儿子贵由。在忽必烈与阿里不哥

察合台汗国银币

争夺汗位的战争中，窝阔台孙子海都乘机把窝阔台系宗王的力量网罗到自己部下，与忽必烈展开了长期的对抗。不久，他又将察合台汗国变为附庸，然后四出扩张。海都死后，窝阔台汗国的领地被察合台汗国侵蚀殆尽。

公元1264年，忽必烈正式册封旭烈兀为伊利汗，意为从属的汗。伊利汗国的极盛时代领土东起阿姆河和印度河，西临地中海，领有小亚细亚半岛的大部分，北至太和岭和花剌子模，南濒波斯湾和阿拉伯海。伊利汗国先与基督教世界结盟，后转向伊斯兰化。在所有汗国中，伊利汗国与元朝之间关系最为紧密，各代伊利汗的袭封都以得到元朝皇帝的批准才为合法，两国间的政治、文化、科技交流都非常密切，双方相互影响，关系始终友好和顺。公元1388年，伊利汗国为新兴的帖木儿帝国所灭。

等级制度

为有效地保障蒙古族征服者的优越地位和统治权，对被征服民族进行压制和分化，元朝政府实行了被后人总结为"四等人制"的民族政策。"四等人制"这个词汇并不见于元朝任何典章文献，但当时的许多法律制度都体现了它所包含的精神，在忽必烈时代的后期已经形成了事实上的制度。类似的制度在任何一个时代都存在，只是这次以往通常处在最底层的游牧民族登上了金字塔尖，因此带来的冲击和影响便显得尤其强大。

元朝差吏

"四等人制"的核心就是将元朝领土内的民众按降附时间的先后和政治上的可靠程度划为四个等级，享有不同的权利。居于最顶端的是以黄金家族为核心的蒙古族。13世纪时，蒙古人不到百万，移居中原的不过三四十万，他们中间除少数权贵官僚外，大多属于军队。在蒙古人之下是用来牵制汉族、协助统治的色目人。色目是各色名目的意思，色目人就是各种各样的人，主要指以回回人为主，来自西北和西域的人们，西藏人也在其中。对色目人官方没有明确的界定，以致各地执行政策时经常产生疑问，元朝中期有一次中央政府这样指示地方："除汉人、高丽、蛮子人外"，都是色目人。在中原的色目人大约有三四十万。

　　第三个等级是汉人，主要指的是淮河以北，原来金朝境内的居民。这部分人有一千万，以汉族为主，也包括已经汉化了的契丹、女真、高丽人。四川、云南各族因为较早被征服，也在这一类里。由于归附元朝最晚，南人处在最底层，在籍人口有五千万，主要也是汉族。从制度上划分汉人和南人，固然有降顺时间先后的原因，同时也是蒙古统治者利用南宋以来南方人和北方人相互间的鄙视和对立，对汉族进行分化的手段。

| 陶侍从俑群

在这种制度下，不同等级的人所受的待遇差别极大。在法律上，同样的罪过，蒙古人所受刑罚比汉人轻得多。如果蒙古人殴打汉人，汉人不许报复，只能向官府投诉，如果违反，就要治罪。蒙古人因为争执打死汉人，不必偿命，只是被罚出征和支付丧葬费用。在出任官职方面，汉人只能担任各国家机构的副手，而且不能参与军务。南人更糟糕，连在中枢机构任职都不可以。科举考试恢复后，蒙古人和色目人为一榜，汉人和南人为一榜，题目难易大有不同，但是录取人数却是一样的，从人口比例来讲，这是非常不公平的。关于个人拥有武器，蒙古人和色目人没有限制，但是汉人和南人被严行禁止。

帝位纷争

从忽必烈开始直到亡国之间的十一个皇帝里面，有七个人的寿命不到四十岁，其中五人在三十岁之前就死去，或者失踪。这一百〇八年间七人在位时间没超过五年，尤其在公元1323年到公元1332年的十年里竟更换了五个皇帝，其中两人在位时间仅一个月左右。这种情况的出现，部分和皇帝们的身体状况有关，同时统治者内部永无休止的争斗也有非常重要的影响，有两位皇帝直接死于谋杀，斗争之激烈可想而知。

仁宗之子硕德八剌是元朝唯一一个按照汉人长子继承制原则和平登上宝座的皇帝。他自幼接受儒家正统教育，渴望在整顿国家上有一番作为，于是推行改革，这一番锐意进取的表现，使他在死后被尊为英宗。但是改革触动了很多皇室和权贵的利益。公元1323年八月，他从上都返回大都，在距上都三十里的南坡过夜时，被反对他的诸王和大臣们夺去生命。这件事史称"南坡事变"。

几年后泰定帝之孙铁木儿在公元1328年病死于上都，引发了新一轮的帝位争夺。有资格竞争大位的两个皇室成员分别在大都和上都宣布继任皇帝，元朝的历史上又一次出现了两个最高统治者同时在位，王公大臣分为两派互相攻伐的局面，后人称之为"两都之战"。

战争持续的时间不长，上都投降了，武宗海山之子图帖睦尔获

元英宗的祖母答己太后像

得胜利，然而此时他的长兄和世㻋结束了政治流亡者的生涯，正在回来的路上。图帖睦尔宣布要将帝位让还给兄长，没想到和世㻋将计就计接受了这故作姿态的谦让。他甚至等不及回到大都，就在南归的途中戴上了皇冠。几个月后，兄弟二人终于在旺兀察都的行宫（即中都）会合。然而只过了四天，三十岁的和世㻋就"暴崩"，后来有人指出他饮用了弟弟的亲信进上的毒酒。图帖睦尔日夜兼程赶回上都，几天后重新成为元朝的皇帝。随后，和世㻋的妻子在上都被她妯娌指使人推入烤羊的火坑活活烧死，这场残酷的"旺兀察都事件"才宣告落幕。

元文宗图帖睦尔（左）与元明宗和琜（右）

帝国崩溃前夕

　　图帖睦尔善绘画，能做诗，汉文化造诣很深，重返帝位后创建奎章阁，编修《经世大典》，因而死后庙号为文宗。然而他在位期间，朝廷被为他夺取皇位的推手燕铁木儿操纵，谋反和起义始终不绝，国势日渐衰颓。弑兄之事更给他带来巨大的精神压力，因此临终前他决定将帝位交给兄长的儿子继承。

　　公元1333年，年仅13岁的妥欢帖睦尔登上皇位，接手了权臣擅权、吏治腐败、财政空虚、社会动荡的元帝国。大臣伯颜执掌着朝廷大权，在他的指挥下，汉人、南人受到了空前的打击，科举考试也在公元1335年废止。他最著名的建议是杀尽张、王、刘、李、赵五姓汉人。这一时期元朝的经济状况再次陷入低谷。几年后，伯颜被其侄子脱脱驱逐出政治舞台，后者因此获得皇帝的信任。国家开始推行新政，科举制度得以恢复，儒家的教育和礼仪制度再次走入宫廷，百姓的负担也在一定程度上减轻了。脱脱辞去相位后，皇

元顺帝妥欢帖睦尔像

帝亲政，不但用心攻读圣贤书，而且裁减宫女、宦官，节省御膳、御装，关心政治，常在宣文阁与大臣商谈国事，呈现一派锐意进取的作风。一时间，朝廷竟弥漫着"中兴"的气象。然而新政的主要目的——完善法制、加强廉政、选拔人才——基本上没有达到，土地问题和财政危机更是未曾触及，局势仍在恶化之中。

在元朝的最后几年里，水灾、旱灾和瘟疫比以往任何时候都来得频繁。黄河水患不断，运河受阻，造成朝廷经济紧张。山东、淮北一带哀鸿遍野，死人枕藉。官吏的贪污贿赂之风愈演愈烈，地方官搜刮民间更甚，有所谓拜见钱、撒花钱、追节钱、生日钱、常例钱、人情钱、赍发钱、公事钱等诸多名目。赋役沉重且不均，造成了广大农民的极度贫困，是社会最大的不安定因素。面对这种局面，脱脱决定实施"开河"和"变钞"，解决财政危机，使灾民重返家园。然而新钞"至正中统交钞"发行不久，就出现了恶性通货膨胀，令政府的信誉更加低落。开通运河的决定也受到了质疑，有人提出运河应受治理的一带连年饥荒，如果聚集二十万民工开河，后果恐怕会比河患更严重。所以脱脱接受了这个意见，没有实施"开河"。

天下反

　　元朝建立以来，白莲教因为教义简单，迎合普通大众的心理，信众群日益庞大，影响深入民间。白莲教北方教主韩山童以"弥勒佛下生"和"明王出世"为号召聚集力量，在河南和江淮一带拥有很高威望，并有刘福通等骨干长期追随。趁着"开河"的机会，他们凿了一个只开一眼的石人，在其背上刻"莫道石人一只眼，此物一出天下反"，预先埋好，同时散布内容相同的民谣。

　　公元1351年四月下旬，独眼石人被开河民工挖出，顿时人心惶惶。韩山童趁机在颍州颍上县聚集了三千人，鼓吹自己系宋徽宗八世孙，当为中国主，用民族战争的大义抹去了宗教色彩。正当众人誓告天地的时候，遭到官军突然袭击，韩山童被俘牺牲。冲出重围的刘福通率众占领颍州，大起义正式爆发。义军头裹红巾作标志，称红巾军，参加者多为白莲教教徒，又称香军。到九月，红巾军已经有了十万人。

　　被元政府称为"妖彭"的白莲教南方教主彭莹玉也借机起兵，他的徒众铁工邹普胜、布贩徐寿辉也称红巾军，建立"天完"政权，徐寿辉为帝。徐州的"芝麻李"李二、濠州的郭子兴等也以红巾为名起事。江淮的义军在"双刀赵"赵普胜和"李扒头"李普胜的率领下渡江南下，势如破竹，号称百万水师。河南、湖北一带的"南琐红军"和"北琐红军"也相继起义。短短几个月的时间，元朝政府就陷入了四面楚歌的境地。

　　这时的元军已经退化为将领"但以酒色为务"、士兵"但以剽掠为务"的腐败军队，所以在红巾军起事后最初的两年里一直居于下风。然而各路红巾军之间各自为政，缺乏有效的沟通联系，各地的元军则在脱脱的统一指挥下逐渐扭转了局面，形成了围剿的态势。到了公元1353年年底，彭莹玉被杀，天完政权都城陷落，红巾军转入劣势。正在元军全力攻击徐寿辉的时候，盐贩张士诚突然起事，国号大周。于是脱脱亲率各路军马，号称百万，进攻张士诚的中心高邮。眼看胜利在即，脱脱却因为朝中谗言被皇帝夺去了兵权，百万元军不战自溃，从此优势尽丧，再也无法组织大规模军事活动。

各路义军纷纷乘机建立自己的政权。刘福通奉韩山童之子韩林儿为"小明王"，建立了"宋"，随即在公元1356年兵分三路发动了北伐，其中东路军一度攻到大都近郊，中路军则攻克并烧毁了中都和上都，但是最终全部被元军消灭。刘福通借元军围堵北伐部队的机会，占领了汴梁，但在元军消灭北伐军之后的全力攻击下，几乎全军覆没，不得不托庇于朱元璋。

| 韩林儿"宋"政权的管军万户府印

| 韩林儿"宋"政权发行的龙凤通宝

北走大漠

在元朝政府方面，各地地方武装组成的"义兵"渐渐受到倚重。内迁的畏兀儿人后裔察罕帖木儿和勋贵后代答失八都鲁是其中的佼佼者，他们在镇压红巾军的战争中都立有大功，为元朝政府大力加以扶持，逐渐形成了北方的两大军阀集团。答失八都鲁死后，他的儿子孛罗帖木儿继续领军，因为势力范围的关系与察罕帖木儿势成水火，双方展开了混战。察罕帖木儿被刺身亡后，他汉名王保保的养子扩廓帖木儿被部下推举为帅。宫廷内部的争斗也卷了进来，皇太子与扩廓帖木儿秘密定约，互为党援。皇帝则是倾向于孛罗帖木儿。这一场内斗以皇太子和扩廓帖木儿的胜利而告终。不久，扩廓帖木儿的两员得力大将又背叛了他，开始了新一轮的混战。

在北方军阀混战之际，一直以来行事比较低调的朱元璋羽翼渐丰，展开了削平江南群雄的行动。出身于贫苦农民之家的朱元璋曾经做过和尚，公元1351年成为郭子兴的部下，然后开始建立起自己的班底。郭子兴死后，朱元璋掌握了郭的势力。在南方各路义军纷纷称帝称王的时候，朱元璋遵循着幕僚提出的"高筑墙，广积粮，缓称王"的建议，以宋政权为正统，自己着力于延揽人才，积蓄力量。

朱元璋的统一战争在公元1363年拉开了序幕。陈友谅、张士诚在两年中先后被平定，朱元璋本人也在公元1366年自称吴王。在称王前夕，朱元璋命令手下将名义上的领袖韩林儿、刘福通淹死。公元1367年十月二十一日，朱元璋的大将徐达和常遇春率领二十五万人马北取中原，在两天后发布的北伐檄文中提出了"驱逐胡虏，恢复中华，立纲陈纪，救济斯民"。在另一条战线上，消灭南方各割据势力的战争也全面展开。公元1368年正月，朱元璋在应天即皇帝位，定国号为明，建元洪武。

八月二日，徐达等率军攻入大都齐化门。几天前，妥欢帖睦尔率三宫后妃、皇太子、皇太子妃等北奔上都。统治了中国百余年后，大元政权终于崩溃了。公元1371年，明军扫平了所有的残存割据势力，完成了内地的统一。公元1370年四月，妥欢帖睦尔在明军的追击中病死，这位亡国之君反倒是元朝在位时间最长的一个皇帝。朱元璋给了他一个"顺帝"的庙号，表示对他"知顺天命，退避而去"的嘉许。被朱元璋称作"天下奇男子"的扩廓帖木儿是明军的头号大敌,智勇双全的徐达也曾败在他的手下,面对朱元璋表示出的百般优遇,他始终不降,不断设法打击明军,直至他在公元1375年病逝。皇太子爱猷识理达腊在父亲死后终于登上帝位,但是只得到了一个史称"北元"的残破政权。

| 朱元璋像

人物篇

成吉思汗

　　公元 1162 年，刚刚战胜了世仇塔塔儿人的蒙古部乞颜氏首领也速该得到了一个儿子，按照蒙古人的风俗，他用俘虏的敌人首领的名字命名自己的儿子为铁木真。铁木真 9 岁的时候，也速该被塔塔儿人毒死，部众随即星流云散，铁木真和几个弟弟妹妹在母亲诃额伦的艰苦努力下长大，家族逐渐重新兴旺起来。

　　铁木真与克烈部的首领王罕和札答兰部的首领札木合结成联盟，成为草原上的新兴势力，但是不久，由于对权力和财富的追求，联盟间的摩擦逐步升级，终于分裂，并引发战争。起初铁木真一直处于劣势，但是他的表现被人们认为有君主气度，吸引了更多人前来归附。此后他先后消灭了札答兰部、克烈部，不久又消灭了乃蛮部和篾儿乞部。

| 成吉思汗像

蒙古士兵佩戴的圆顶式铁盔

公元 1206 年，铁木真征服了草原上所有部落，于是召开了由家族成员、部下将领和归附的部落领袖参加的忽里台大会。从这次会议开始，蒙古大汗即位，必须经过忽里台推选成为定例。追随者将"成吉思汗"这个称号献给了铁木真，表示他是普天下的君主。至于"成吉思"的含义，后人众说纷纭，最近的研究成果是它来源于古突厥语，意思是"可怕的""强健的"。在这次大会上，成吉思汗建立了大蒙古国，原来草原上各有名称的部落归属在大蒙古国的旗下，逐渐形成了统一的民族共同体，这就是蒙古族。

在这个新兴的草原国家里，成吉思汗和他的亲属们组成的"黄金家族"是核心，实施军民合一的千户制度，将国家牢固地控制在大汗手中。成吉思汗还颁布了一系列法令和训言，后来编定为《大札撒》。札撒就是"命令""法令"的意思，《大札撒》就是大蒙古国的法典。

大蒙古国建立以后，成吉思汗带领着臣民开始新的扩张，一方面进攻西夏和金，一方面西征，用三年时间毁灭了当时伊斯兰世界最强大的国家花剌子模。在那个时代，成吉思汗是世界上最有权力的领袖，然而他的归宿却是一个意外。就在如火如荼地进行征服战争的时候，成吉思汗在射猎时不慎摔落马下，结果伤重不治，于公元 1227 年逝于围困西夏首都中兴府（今宁夏银川）的战役中。

忽必烈

　　成吉思汗去世后,他的后代继续着开疆拓土的功业。成吉思汗幼子拖雷的第四个儿子忽必烈与其他黄金家族成员不同,他愿意把更多的时间放在对被征服地区和人民的统治与管理上。

　　长兄蒙哥继任大蒙古国的第四代大汗后,忽必烈被委以重任,全面管理已被占领的原金、宋疆域的军事、民政事务,并筹备灭宋战争。为此,他开设幕府,广招贤能,于是在他身边聚集了众多来自不同民族和不同文化背景的人才,尤其是有越来越多的汉族知识分子前来追随。尽管根本不懂汉文,但忽必烈还是接受了"儒教大宗师"称号,扮演起中原文化保护者的角色,这使他赢得了更多的支持。

　　在谋臣们的筹划下,忽必烈用儒家的理论在中原地区开始了他治理国家的尝试。他改变税制,设立屯田,开辟漕运,发行纸钞,加强吏治,推广农业。几年后,这些地区的局面完全改观,人口、赋税大量增加。

| 拖雷与妻子

世祖出猎图

忽必烈的妻子察必皇后像

在几年后的灭宋战争里，大汗蒙哥突然死于战场，忽必烈和弟弟阿里不哥展开了对大汗宝座的争夺，并且最终获胜。在争夺汗位的过程中，忽必烈在蒙古方面缺少有力的支持，所以他更多地依赖汉地的资源和汉人的力量。幕僚们竭尽全力将这位新任大汗包装成中原皇帝，并且使用了蒙古国第一个年号"中统"。这是在昭告天下，忽必烈延续了中原王朝的正统。

根据谋臣的建议，忽必烈在公元 1271 年十一月正式将国号改为大元。这个名字出自《易经》，元的意思是大到了极点，这里用以概括新兴国家前所未有的广阔领土。第二年，忽必烈将正在兴建中的燕京改名为大都，成为元朝的首都，完成了统治中心从蒙古向中原的转移。公元 1279 年，南宋最后的力量在崖山全军覆没。中国自五代以来长期分裂割据的局面终于得到了统一。

忽必烈建立的元朝是一个多民族、多文化并存的帝国，疆域包括全部蒙古、中原、江南、云南、西藏、新疆的东部和南部，这在中国历史上是规模空前的。忽必烈是中国历史上最杰出的帝王之一，他的统治以汉法为基础，兼收并蓄其他文化的长处，开创了一个前所未有的局面。在他死后，蒙文的谥号是薛禅汗，意思是智者皇帝。

八思巴

一手促成西藏归附的藏传佛教萨迦派宗教领袖萨迦·班智达于公元 1251 年在凉州圆寂，去世前他举行仪式传法给侄子八思巴。这位新即位的萨迦法主年仅 17 岁，本名罗追简赞，八思巴是对他的尊称，意为"圣者"。

八思巴出自于有着悠久历史的贵族款氏家族，先辈有许多著名的僧人。借助吐蕃王朝崩溃的机会，款氏家族占有了颇具规模的领地和属民，当佛教重新在西藏流传，这个家族重投佛法怀抱，建立了宗教权威与世俗势力紧密结合的萨迦派教团，逐渐成为西藏地区最大的一支地方势力。

| 白兰王金印 |

公元 1254 年，忽必烈南征大理，邀请八思巴前往六盘山相见。双方相处非常融洽，结成了所谓施主与福田的关系。几年后，忽必烈称帝，八思巴被封为国师，成为全国佛教的最高领袖。至元元年，即 1264 年，忽必烈迁都北京，设置了总制院，掌管全国佛教事务并管理西藏地区行政事务，由八思巴以国师身份兼管。这样，作为宗教领袖的八思巴正式拥有了行政职权。所以在这一年晚些时候，八思巴与其弟返回阔别二十一年之久的西藏的时候，身份不仅是萨迦派的教主、全国佛教领袖，同时也是蒙古政府的高级官员。

| 八思巴像

| "统领释教大元国师"印

在西藏，八思巴秉承忽必烈的意旨，会合各派僧俗领袖，对西藏的行政体系进行了规划。他参照蒙古政府的行政体制，以及西藏地区的惯例，将不包括阿里地区在内的卫藏地区划分为十三个万户，并区分俗人民户和寺属民户，明确了僧俗领主与农奴间的关系。在此基础上，八思巴建立了代表中央政府在西藏管理地方政教事务的地方政权——萨迦政权。

在这几年里，他还遵从忽必烈的意旨，在藏文字母的基础上创制了"蒙古新字"，也即是后世常说的"八思巴字"。公元1270年，带着自己成绩回到大都的八思巴被晋封为帝师，次年，又封大宝法王，大元帝师，赐玉印。从此，帝师成为朝廷的常设职务。帝师的地位极其崇高，既是皇室的宗教导师，又是天下佛教的领袖，同时也是西藏地方政教合一的首领，享有很大的特权。

公元1280年冬，八思巴在故乡的萨迦寺中逝世，终年46岁。因为萨迦·班智达和他两代人的努力，萨迦派在元朝的西藏政局中长期占有绝对的优势。

赛典赤·赡思丁

先知穆罕默德的后裔,中亚的伊斯兰教徒赛典赤·赡思丁在蒙古西征花剌子模的时候选择了归顺,成为成吉思汗的侍卫。自窝阔台时代,他就已经开始担任重要官职。忽必烈即位后,擅长掌管财赋的他一直是忽必烈的得力臂助,在忽必烈设立中书省的时候,是第一个被起用的回回人,曾经兼理中统宝钞的发行。

大理被蒙元政府征服后,长期处在非常不稳定的状态中。忽必烈于是决定把大理的军政权力集中起来,设立云南行省,并派赛典赤·赡思丁承担治理的重任。受命以后,赛典赤·赡思丁做了充分的准备,先对云南的情况进行了深入的了解。公元1274年,他到达云南,首先与敌意很强的宗王脱忽鲁理顺了关系,解决了蒙古高层内部的矛盾,随即将各级军、政长官都置于行省的统属之下,并将行政中心从大理迁至昆明。降附后一直保有优厚待遇的大理国王段氏后裔被提升为大理总管,但失去了大部分权力,而且他们的势力局限在大理地区。同时,全省的地方政权都进行了改革,与全国的行政建置统一起来,置于元朝政府的直接控制之下,彻底结束了自南诏以来五百余年的地方割据状态。

对于当地众多的少数民族势力,赛典赤·赡思丁一改蒙古人的暴力统治作风,采用恩威并施的手段,在不长的时间里基本平定了各地的反抗,做到了历代君主,包括本地的统治者都未能做到的事情。赛典赤·赡思丁非常善于和敢于使用少数民族上层人物,以段氏后裔为首的这些人在云南行省的各级官吏中占有很大比重,有效地将元朝政府的管理实施到基层。最为云南百姓感念的是赛典赤·赡思丁对云南社会经济和文化的大力推动。他在云南开展屯田,兴修水利,引进了中原地区的先进生产技术并加以推广。虽然大

清末的"忠爱"坊,这是人们为了纪念赛典赤·赡思丁而建的

理国时期就对汉文化有着非常强烈的认同感，而且非常重视教育，推广儒学，但总体来说，云南的文化还是很落后。赛典赤·赡思丁做了许多工作，设立儒学提举，建立文庙、社学，推广中原风俗，使云南的文化水平和民间习俗逐渐与内地趋向一致，中原的儒学文化、生活风尚在云南广为传播。

　　任职六年以后，赛典赤·赡思丁死于云南，他的最大的功业是让云南保持了二三十年的安定与繁荣。忽必烈追封他为咸阳王，其墓至今尚存。

赵孟頫

自号松雪道人的赵孟頫是宋朝皇室后裔，宋太祖第四子秦王赵德芳的十世孙。南宋灭亡后，他一度隐居在湖州老家，几年后被在江南搜访"隐逸"的元朝名臣程钜夫推荐给了忽必烈，不久被任命为兵部郎中，总理天下驿站，开始在元朝政府任职。由于他身为宋室王孙，却出仕元朝，使他饱受时人讥讽。

元世祖忽必烈非常欣赏赵孟頫的才能，经常询问他对军国大事的看法，曾多次希望重用他，甚至想拔入中书为相。但是因为他的特殊身份，朝中阻力颇多。同时赵孟頫也怕遭人猜忌，一方面屡屡力辞不受，一方面也设法到地方任职，避开是非之地。从政的三十几年时间里，赵孟頫在中央、地方转任多职，驿站、秘书、学政、修史、刑狱等方面，政绩都颇有可观。在忽必烈去世后，历任皇帝也都对他很看重，多次升迁，最后官至翰林学士承旨、荣禄大夫、知制诰、兼修国史，按一品资历，推恩封赠三代。他于公元1322年去世，被追封魏国公，谥文敏。

《人马图》（局部）

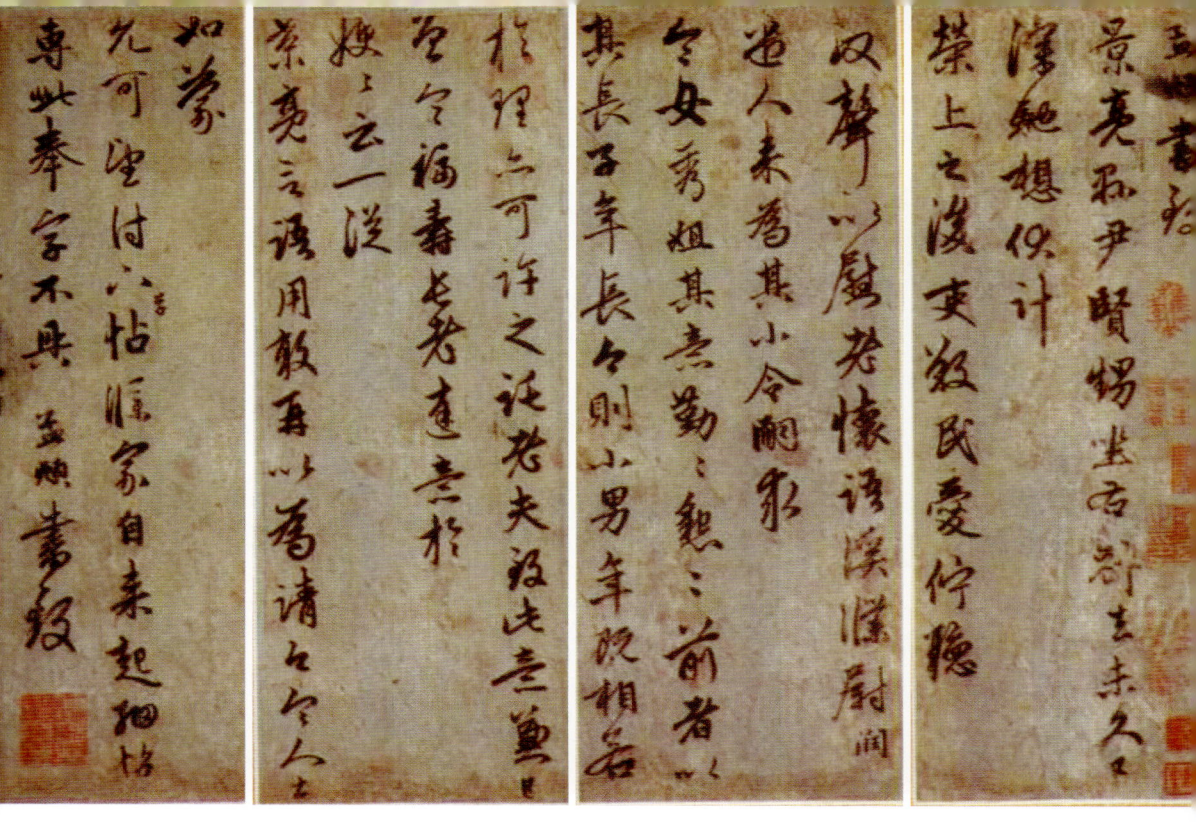

《致景亮书》册页

赵孟頫最为世人称道的是他的艺术成就。他早年曾经学习梁鹄、钟繇、智勇、褚遂良等人，但终其一生，一直在追求王羲之、王献之的书风。经过长期的学习，赵孟頫在46岁以后终于兼采各家之长，融会贯通，形成了自己独特的风格，而且能够与颜真卿、柳公权、欧阳询这些前辈大家比肩。他对篆、隶、小楷、行、草书等各种字体无不精通，但成就最高的还是楷书和行书。他提倡书法要复古，强调以"古法"为准则，具体来说，便是恢复晋唐清隽的风范，尤其要以王羲之、王献之为楷模。赵孟頫本人的书法法度谨严，用笔遒劲，体势朗逸，风格柔媚，有"匀净平顺"的特点，对以后的书法界有着非常深远的影响。

在绘画上，赵孟頫是元代画坛最重要的领袖，更是中国文人画承前启后、开一代风气的宗师。他善于将书法融会于绘画之中，对于竹石、人马、山水、花鸟等不同题材和不同技法，都非常精通，并且在师法前人的基础上，博采众长，自成一家。针对南宋院体画留下的弊端，赵孟頫提出了作画要有"古意""不求形似"的理论，在当时产生了深远的影响，使画坛风气为之一变。

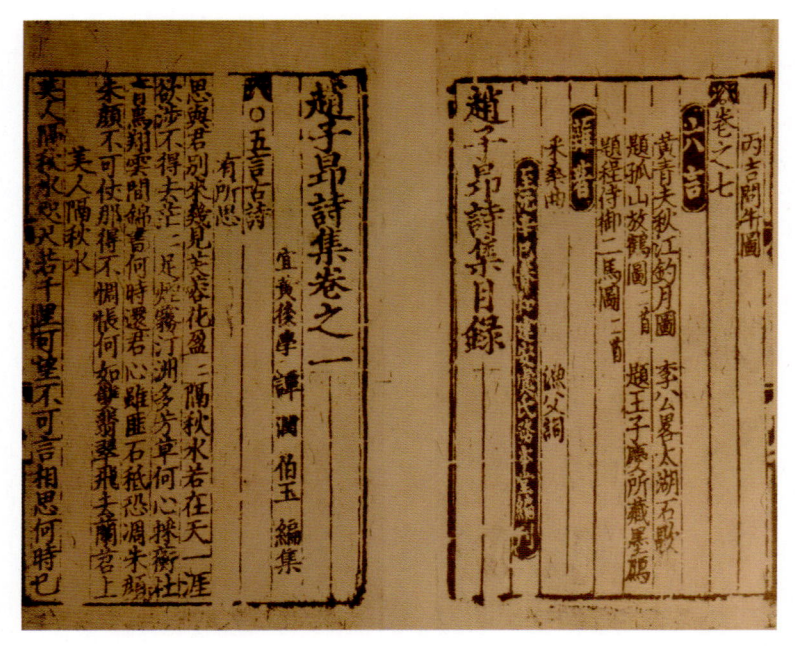

《赵子昂诗集》书影

赵孟頫的夫人管道昇是中国古代最有才华的著名女性之一，擅长书、画、诗词。他们的儿子赵雍、赵奕，孙辈赵凤、赵麟、赵彦正，外孙王蒙都是名噪一时的书画家。

郭守敬

郭守敬，字若思，顺德邢台（今河北省邢台市）人，生于元太宗三年（1231），卒于仁宗延祐三年（1316）。他的祖父郭荣擅长数学、水利，因此自幼受到了良好的教育，少年时还一度在忽必烈的智囊、著名学者刘秉忠的门下求学。

成年后不久，郭守敬就因为精通水利而为世人所知，逐渐成为元朝政府中水利工程方面的负责人。他主持的水利工程非常多，其中有两项影响最为重大，一是修复今天银川一带黄河两岸的水利设施，挽救了近十万顷良田；一是开凿通惠河，解决了将南方的粮食通过运河运到大都的问题。

尽管在数学、水利等多个领域都有很大成就，郭守敬最重要的成果还是在天文学。为了进行天文观测，他一共创制了十二件天文台上用的仪器，四件可携至野外观测用的仪器。这些仪器设计科学、结构巧妙、制造精密、使用方便，在科学史上占有非常重要的地位，其中最有代表性的是简仪。

在元朝以前，中国观测天体坐标的主要仪器是浑仪，随着对天文认识的不断加深，浑仪结构越来越复杂，使用时有很多天区被遮蔽，影响观测效果。郭守敬于是对浑仪加以简化创制了简仪。简仪是 13 世纪世界上最杰出的天文测量仪器，它的发明不但扩大了观测范围和提高了观测效率，也使读数精度大大提高。

| 简仪

利用简仪和其他仪器，郭守敬取得了一系列天文成果：定出了准确的冬至时刻，再推算出与现代通用历法相同的一回归年时间长度；通过全天星表测定，测得恒星约 2500 颗；重新测定了黄道与赤道的交角，领先欧洲三个世纪……在这些实际观测的基础上，郭守敬和他的同事们于公元 1280 年修成了一部新的历法，忽必烈命名为《授时历》。

包括简仪在内，郭守敬亲自设计制作的仪器直到清朝初年仍然发挥着作用，然而在康熙、乾隆年间，这些伟大的仪器都被当作废铜熔化掉了。现在我们看到的是后世的仿制品。

郭守敬在一生中做出了许多开创性的贡献。他在简仪上设计的赤道经纬仪是世界上最早的赤道装置，欧洲直到公元 1598 年才由丹麦天文学家第谷发明类似的装置。简仪上为了降低摩擦的机械装置可以说是近代滚柱轴承的发端，西方类似的发明是意大利大科学家达·芬奇在两个世纪之后做出的。他首先提出了"海拔"的概念。他还是依靠学习考察为目的进行黄河探源工作的先驱。他在计时器的创制上也贡献颇多，大明殿灯漏是第一架与天文仪器相分离的独立的计时器。

后人为了纪念郭守敬，用他的名字命名了公转轨道位于火星和木星之间的太阳系小行星 2012 和月球背面的一座环形山，将他永远留在了浩瀚星空中。

| 仰仪

关汉卿

元朝统一以后,杂剧艺术得到了蓬勃发展,一批失去了政治前途的汉族知识分子成为职业剧作家,关汉卿就是其中之一。他主要活动时间在金朝末年到元世祖至元中后期,汉卿是他的字,本名不详。从为数不多的史料来看,他很有可能是大都人,家庭有从医的背景。

在元杂剧的发展过程中,关汉卿是关键人物。他与杨显之、梁进之、纪君祥、王和卿等杂剧、散曲作家关系密切,和珠帘秀等杂剧名角也有很深的交往。在生活中,他放浪形骸,玩世不恭,自诩"浪子班头""郎君领袖",后人则称许他为"驱梨园领袖,总编修帅首,捻杂剧班头"。

署名为关汉卿的杂剧作品,现在所知有66种,目前存世而且可以确定是他作品的有18种,另外还有散曲小令57首,套数13篇,残套2篇。关汉卿的创作题材非常广泛,包括公案剧、爱情剧、历史剧、文人逸事剧等,极大地开拓了杂剧的表现空间。在创作之余,他还亲自粉墨登场,参加演出,促使杂剧艺术体制趋于完备。

《感天动地窦娥冤》

关汉卿的公案剧作品主要有《感天动地窦娥冤》《包待制三勘蝴蝶梦》《包待制智斩鲁斋郎》等，他借审理诉讼、平冤决狱的独特形式表现道德冲突，反映社会现实。其中艺术成就最高的是《窦娥冤》，这部应属于关汉卿的晚期作品，堪称中国古代悲剧作品的巅峰。与其他几部作品将时代定为前朝不同，《窦娥冤》虽然取材于汉晋时期的"东海孝妇"故事，但把背景直接设定为元代，因此社会批判的意义更为强烈。

　　《赵盼儿风月救风尘》《望江亭中秋切鲙旦》《诈妮子调风月》《闺怨佳人拜月亭》等是关汉卿创作的爱情剧。在这些作品里，主人公都是女性，她们总是为了获得幸福生活而做出各种努力，将自己从苦难中解救出来。这些剧作的重点往往不是单纯地描写爱情，而是通过爱情与现实的交汇，反映了社会现象，揭露社会问题。

　　关汉卿的历史剧《关大王独赴单刀会》《关张双赴西蜀梦》《邓夫人苦痛哭存孝》则更多地对历史进行再创作，寄托作者的时代情怀。

| 元杂剧壁画

军事篇

蒙古骑兵作战图

十三翼之战

铁木真创业之初,被世仇篾儿乞部抢走了妻子孛儿帖。因此,他请求父亲曾经帮助过的克烈部首领王罕和儿时的结义兄弟札答兰部的首领札木合出兵相助,三人联手,大败篾儿乞部,铁木真因而获得大批人口、财物和牲畜,成为草原上的新兴势力。

随着铁木真的势力越来越大，早有争霸草原野心的札木合感到了威胁，多年的友情抵挡不住权力和财富的诱惑，二人终于分道扬镳，展开了长达十余年的争斗。独立后的铁木真在乞颜贵族的松散联盟推举下，被选立为汗。札木合当时虽也表示承认铁木真的地位，但是二人的部众之间摩擦逐步升级。不久，札木合的一个弟弟因抢马被铁木真的追随者所杀，这件事引发了两人间的大战。

札木合联合当时蒙古诸部中号称最强的泰赤乌氏贵族，聚集了十三个部落，共三万人马，奔袭铁木真。铁木真非常幸运地提前获知了这个消息，及时组织起自己的部下和追随者，也有三万人，分为十三翼迎战。其中第一、二翼是他母亲诃额伦和他自己率领的族人和部属，第三至十一翼为乞颜氏其他各家贵族率领的族人和部属，第十二、十三翼是与他联合的旁支尼鲁温部落。

双方在位于今天蒙古国温都尔汗西北的答兰巴勒主惕之野（又叫作"七十沼泽"）的地方展开大战，铁木真羽翼未丰，实力不足，因而战败，退入斡难河流域哲列涅狭地，借助地形的优势进行抵抗。札木合和泰赤乌部久攻不下，只得退兵。途中，他们将俘获的铁木真的支持者用七十口大锅煮死。没想到此举令他们威信尽失。相比札木合残暴的表现，这场战役的失败者铁木真被人们认为有君主的气度，反而吸引了更多人前来归附。

从此，铁木真的实力愈发壮大，在几年后消灭了泰赤乌部。原先王罕与铁木真之间的依附关系随着后者的成长渐渐发生了变化，王罕对此深感不安，札木合乘机与他联合，发动突然袭击重创了铁木真。通过运用计谋，铁木真瓦解了反对他的联盟，札木合又投向了乃蛮部。随着草原上的部落相继被铁木真征服，札木合终于走到了穷途末路，被手下交给了铁木真。从此草原上再也没有铁木真的敌手。

金朝攻略

公元 1211 年，蒙古人高举着为被杀害的俺巴孩汗等先祖复仇的旗帜，对金展开了全面攻势，实际目的在于掠夺和试探。七月，成吉思汗和幼子拖雷率领的东路军攻向金中都为目标的进攻，他的另外三个儿子术赤、察合台、窝阔台指挥右路军向西京方向进军。九月中旬，东路的前锋已经突破居庸关，游骑于金中都城下。西路则在为金朝守护界壕的汪古部的引导下，攻入山西，并迫使金军放弃了西京。第二年年初，在一度攻占金中都外城，却始终未能攻入内城的情况下，蒙古军带着大量的战利品退出。

蒙古人在公元 1213 年的秋天分三路卷土重来，劫掠扩大到包括山西、河北和山东的广大区域，主力部队直指中都。第二年三月，三路兵马会合在中都城下，此时金朝领土在黄河以北、华北平原的部分，只有寥寥十余城未被攻破。金宣宗赔款求和后，蒙古军顺利北返，金宣宗随即将都城南迁至开封。中都附近的军队因此哗变，表示愿向蒙军投降，成吉思汗立即派军队南下，1215 年五月，中都陷落。

迁都以后的金政府为了挽救颓势，找到了一个借口，进攻南宋以拓展领土，前后发动了三次进攻，持续数年，但除了实力的大量消耗外一无所得。与此同时，成吉思汗决定亲率主力西征花剌子模，把对金作战的重任交给了最得力的部下木华黎。

| 金界壕

木华黎所属部队约有十万人，大约只有四分之一是蒙古军，其他都是归附的契丹军和汉军。他以中都为中心，先稳固占领中原地区，再逐步南进，同时运用一支机动部队，伺机打击金军的有生力量。金军则运用防御和反击相结合的作战方针，给蒙古军带来很大困扰，双方形成了相持局面。木华黎在公元1223年病逝于山西，他的儿子孛鲁接手了对金作战的指挥权。几年后，孛鲁收降红袄军领袖李全，河北、山东尽入蒙古掌握。

公元1227年，成吉思汗病逝于军中。临终之时，他制定了绕道南宋灭金的策略。公元1231年二月，凤翔为蒙军攻破，潼关以西完全被蒙古军占领，实施这个策略的条件成熟了，蒙古军以次年正月会师于开封为约定，分三路出击。新任大汗窝阔台率领的中路和铁木哥斡赤斤率领的左路在次年正月突破黄河防线。拖雷率领右路出宝鸡，破大散关，入汉中，在南宋境内强行通过。

金军几个最著名的抗蒙将领集结了主力部队二十万，在邓州重兵布防，试图阻止拖雷部。拖雷则一方面用游骑袭扰金军，一方面分路进军开封，与窝阔台部相呼应。金军为确保首都安全，全力回防，人困马乏，被蒙古军困在三峰山地区。拖雷与窝阔台的部分人马会合后发起围攻，将金军主力消灭，金军名将更是伤亡殆尽。

窝阔台和拖雷率主力北返，留下速不台等大将继续作战。公元1232年五月，开封发生了一场历时五十余天的瘟疫，死者达到九十余万人。八月，最后的援军被蒙古人击破，开封已是一座孤城。十二月，金哀宗出逃。次年正月，留守开封的将领发动政变，投降蒙古。

金哀宗辗转逃到了蔡州，他向宿敌南宋派出了使者，希望用唇亡齿寒的道理获得南宋的支援。蒙古也有使节前来与南宋相约联合灭金，并许诺将河南之地还给南宋。取得一场必然的胜利，又能完成复仇大业的诱惑，使南宋政府决定与蒙古达成协议。失望的金军抢先向南宋发起了进攻，这一次南宋军终于有了良好的表现，消灭了最后一支有战斗力的金朝部队。随后，蒙、宋的联合作战开始。蒙军先至，包围了蔡州，南宋军运粮三十万石协助攻城。三个月后，蔡州城破，金朝灭亡。

西征

　　大蒙古国的迅速崛起引起了当时伊斯兰世界最强大国家花剌子模的极大关注。双方原本试图建立起和平共处的关系，却因为各自的傲慢和文化差异反目成仇。成吉思汗将对金的作战完全交付给得力助手木华黎，亲自组织了十余万人的西征军团。

　　公元1219年的花剌子模拥有四十万军队，数量上占绝对优势，但面对锋芒毕露的蒙古军，国王摩诃末选择了避免正面交锋，分散兵力固守重要城市。结果几个月后，花剌子模的城市纷纷陷落，遭到蒙古军的屠杀和掠夺。摩诃末被敌人在自己的国土上追得无处藏身，于公元1220年年底病死在里海的一个小岛上。他的继承人札兰丁坚持抵抗，但已无力回天。

　　战争告一段落，成吉思汗回军蒙古，大将哲别和速不台则继续西进，用了三年时间从今天的伊朗转战到阿塞拜疆，越过高加索山，在里海以北的欧亚草原上击溃阿速人和钦察人，然后在伏尔加河西，莫斯科和基辅一带消灭了俄罗斯诸王公与钦察的联军，之后一直挺进到克里米亚半岛。最后在公元1223年年底，他们赶上了成吉思汗回军的队伍。横跨欧亚的帝国已见雏形。

| 蒙古骑兵押送战俘图

蒙古军队攻城图

窝阔台即位后，再次展开对西方的征服。这一次的行动被后人称作"长子西征"，因为各支宗室和各级贵族都派出了自己的长子领军出战而得名。总数在十二万人以上的西进队伍在灭亡不里灭耳，征服钦察，使俄罗斯诸公国相继败亡之后兵分两路，一路进攻波兰，击溃了波兰——西里西亚联军、日耳曼十字军和条顿骑士团的联手抵抗，然后转向匈牙利。统帅拔都和速不台则带领主力直取匈牙利，攻陷首都佩斯，挺进维也纳，越过多瑙河。匈牙利的国王向当时欧洲最有权势的教皇和德国皇帝求援，但是他们正在忙于彼此间的争权夺利，无暇旁顾。在公元1241年蒙古军准备进入欧洲心脏地区的时候，窝阔台的死解救了欧洲人。为了筹备选出新的领导者，西征兵马开始东归。

蒙哥在位期间发动了第三次西征，他的六弟旭烈兀作为统帅，首要目标是控制里海之南的木剌夷地区的伊斯兰教什叶派分支亦思马因派。任务达成后，蒙古军又在公元1258年征服了古代中国称之为"黑衣大食"的阿拔斯王朝，其首都巴格达在顽强的抵抗后宣布投降，遭到了长达十余天的掠夺、屠杀和焚烧，死难者达八十万人。接下去叙利亚很快被平定。伊斯兰世界有实力的国家最后只剩下埃及，这时蒙哥死于征宋战争的消息传来，蒙古军的征服半途而废。旭烈兀回师参加忽里台大会。大将怯的不花与埃及的马木鲁克王朝继续作战，先胜后败，最终几乎全军覆没，给了蒙古几代大汗的西征伟业一个失败的结局。

襄樊战役

忽必烈在巩固了自己的地位和稳定了北方的统治后，再次展开了征服南宋的行动。他采取了降将刘整的建议，将攻击重点放在了襄樊。襄樊是襄阳和樊城的合称，前者在汉水南岸，后者在北岸，是南宋在长江以北最重要的军事战略要地。自从蒙宋战争发生以来，先后经过南宋名将孟珙、高达等人近三十年的筹措布置，拥有极其坚实的防御工事和可以支应十年的军需储备。这样的一座要塞，无疑是征服南宋的最大障碍。为了解决这个问题，蒙古人从十多年前就开始耐心地做着准备工作。丰厚的贿赂使襄樊的守将同意了蒙古人在樊城外设立边境交易市场的请求，随后又同意对方修筑土墙来保护货物的安全。蒙古人借机在土墙内建立了堡垒，一旦战争发生，足以遏制两城之间的相互支援。

或许是因为十多年来相对太平的日子过得习惯了，南宋对敌人的动向表现得麻木而冷漠，直至蒙古军兵临襄樊城下，仍然没有做出积极的反应。于是公元1268年，襄樊之战在蒙古军完全占据主动的情况下爆发了。在随后的一系列战斗中，南宋的军队屡屡大败，令襄樊解围的可能化为泡影。李庭芝被宋度宗任命为援救襄樊的主帅，但他根本指挥不动所统辖的部队。国家到了如此危急的时候，南宋的文臣武将们依旧在为了个人和家族的利益互相掣肘。而且即使战败，南宋的将领仍然能够得到宋度宗的嘉奖，无人可用使这位无能又懦弱的皇帝对臣子的要求很简单：只求肯于任事，并不奢望成绩。公元1270年，蒙古军完成了对襄樊的完全包围，襄樊的陷落只是个时间问题。

铁蒺藜

襄樊之战是一场空前的战役，一直持续了六年。双方部队在这两座危城之下将实力发挥得淋漓尽致。南宋军有着自金人入侵以来一百多年从无数次失败中获得的防御经验，丰足的战略物资，以及江淮一带地形上的优势。蒙古军也不再是只擅长抄掠的草原游骑，在数十年的征服史中他们学会了足够多的攻城手段。火器在这场战役中被大量使用，双方对此都有丰富的经验和深入的研究。襄樊傍水，为了控制水路，蒙古人还特地建立了一支拥有五千艘战船、七万名士兵的水军，其中不乏高丽人和女真人。在攻城的部队中还包括畏兀儿人和波斯人，是这些年陆续归属于大汗们的臣民。他们中有两位工匠，由忽必烈亲自从遥远的伊利汗国调遣到此地，带来了大型抛射武器"回回炮"，在战争的最后几个月给南宋军以沉重的打击。

　　公元1273年三月，在樊城被攻破后不久，襄阳的守将献城投降了，征服南宋的大门敞开在蒙古铁骑之前。就在两年前，忽必烈将国号改为出自《易经》的"元"，把自己置入历代王朝正统的序列之中，所以南北统一是他必须完成的大业。在元军大举过江前，忽必烈反复告诫将士禁止滥杀无辜和肆意掠夺，已经完全是中国传统的君主气度了。

蒙古士兵佩戴的窄檐铁盔

元日战争

忽必烈即位以后,希望能够将日本也纳为藩属,于是从公元1266年起,多次派使臣前去投递恩威并施的国书,表示希望能够与之"通好"。日本正处在武士政权镰仓幕府的统治之下,长期以来与中国北方的政权没有任何联系,每次都将使者拒之门外,因此双方根本无法建立有效的沟通。

"文永之役"中登陆后的元朝军队

失去了耐性的忽必烈决定用最擅长的武力方式解决这个问题，在公元1274年派出了蒙、汉、高丽军队共约两万五千人，高丽水手六千七百人，大小战船九百艘的远征军，从高丽出发展开攻势。元军先攻破壹岐岛，随后在博多湾登陆。镰仓幕府组织了九州地区各诸侯约十万军队进行抵抗。元军分两个地点登陆，一路正面进攻，另一路突破防御后迂回到日军背后发动突袭，日军伤亡惨重。元军因为久战疲惫，后继乏力，决定暂时撤回船队休整。不想当夜突如其来的台风损坏了元军大部分战船，元军只好撤退，回到中国的只有一万三千多人。日本称这场战斗为"文永之役"。

此后忽必烈又想用外交收服日本，但两次派出的使者都被幕府杀害。随着南宋的灭亡，忽必烈已经没有后顾之忧，第二次对日侵略于是展开。公元1281年，蒙古、汉、高丽混合编成的东路军四万人，战船九百艘于五月自高丽出击。江南军十万人，战船三千五百艘在

"弘安之役"中的海战场面

六月由浙江出发。这次的战事后来被日方叫作"弘安之役"。

文永之役后，镰仓幕府一直在做抵抗元军再次来袭的准备。为此他们整合了九州地区的武装力量，此外还用了五年左右时间，在元军最可能登陆的博多湾沿岸修建了二十公里长、称作"元寇防垒"的石墙。元军左路军先至，果然受阻于防垒，无法登陆。江南军会合后，进展仍然很不顺利，而且各路主官彼此不和，无法达成一致的行动计划，使元军长期滞留在战船上。八月一日，元军再次遭到了台风的袭击，这次更为惨痛，战船大多被破坏沉没，被淹死的元军不计其数。元军统帅只得败走，回到高丽的士卒只有出发时的十分之一二，这是元军空前的惨败。这两次台风被日本人称为"神风"，成为护佑民族安全的最后寄托。

不甘心的忽必烈还想发动第三次对日战争，最终因为种种原因未能实现。

经济篇

农业

公元1260年，忽必烈刚刚即位，就下令选派各地通晓农事的人担任劝农官。这一时期，他领土内的主要农耕地区华北中原一带在经历了多年的战乱以后，田地荒芜，人口锐减，一片破败景象。接受了农业文明影响的忽必烈认识到"国以民为本，民以食为本，衣食以农桑为本"，及时将注意力放到了中国经济的基础——农业上。此举受到了后人的普遍赞赏，认为他与中国历代君王一样具有英明的见识，远非辽、金这样的异族统治者可比。第二年，政府设立了劝农司，忽必烈最重要的谋士之一姚枢出任大司农，率领八十位劝农使督察各地的农业发展。劝农司在公元1270年改为司农司，职责涉及农业、养蚕及水利灌溉等各种事务，以后这一机构几度更名，

蚕织图

| 耕获图

最终定名为大司农司。劝农机构一度也设立地方衙署，后来都被并入地方政府，由地方官兼任劝农官，推动并保护农业生产。与此相应，在政府制定的地方官员考绩制度中，农业的成绩是一个很重要的标准。所以，地方官员多以督励农桑为己任，劝农形成一时风尚。

　　劝农之外，元朝政府还实施了一系列措施，以保证农业生产的恢复和发展。因战乱逃亡者在一定期限内有权收回自己的田产，无论什么人都可以自愿耕种弃田和荒地，桑麻果树的种植也得到鼓励，而且这些都有相应的减免赋税的优待条件。北方一些地区的农民自发组成的"锄社"得到政府的推广，民户五十家为一社，进行生产互助，社长由"高年晓事者"担任。各路、府、州、县建常平仓以平抑物价，设立义仓以备荒年。此外，元朝还有一套周密的水利制度，在中央设立都水监，下设河道提举司，专门负责兴举水利，修缮河道，并责成劝农官及知水利者巡行督察。

由于重农政策措施得力，元代初期在土地开发、水利兴修以及经济作物的推广栽培诸方面都取得了显著成效，呈现出一派恢复与发展的良好势头。然而这种情况维持的时间并不长，旧的生产关系和社会积弊没有得到根本性改变，原处于游牧社会的蒙古统治者还带来了一些新的落后因素，这都对农业的发展造成了很大的阻碍。元代土地兼并、集中的程度十分严重，沉重的科差杂役已经成为农户的大敌，吏治的败坏更让局面一发不可收拾。到了元朝中期以后，全国性的自然灾害层出不穷，令全国主要经济区的农业生产开始走向衰败。

纸币

为了革除各地发行纸币的弊端，公元1260年十月，元朝政府宣布发行以银为本的中统元宝交钞，一般称为中统钞。中统钞按铜钱的习惯以文、贯为单位，面额从十文到二贯文分十等。当时久已盛行用银为价值尺度，法定比价为中统钞两贯同白银一两，十五贯同黄金一两。支持中统钞的是一套严密的钞法，使中统钞发行后流通得很好，物价平稳，民间甚至认为钞的可靠程度胜过金银。

南宋灭亡后，钞法推行到江南，导致中统钞的发行量增加。当时当权的阿合马等人为了邀功，在无限制增印宝钞的同时，将地方上作为钞本的金银全部转移到大都，结果导致民间无法正常兑换，宝钞信用全失，钞值大贬，物价飞涨。公元1281年时，中统钞一贯只相当于发行之初的十分之一。

为挽救钞法，元政府在公元1287年又发行了至元宝钞。公元1288年停止印造中统钞，钞版也被销毁。至元宝钞的发行也有一

至元通行宝钞

套相应的钞法，如果严格实行，也不是没有恢复正常兑换和钞法运转的可能。但是到了忽必烈晚年，国家财政经常入不敷出，钞法再次陷入危机，民间制造伪钞也日益猖獗。

为了解决这个问题，武宗海山先是发行至大银钞，然后索性改用铜钱，铸造了至大通宝和大元通宝，而且历代铜钱也可通用，然而没有什么效果。仁宗即位后，将这些措施全部废除，又回到钞法的老路上。直至公元1350年，元朝通用的货币始终是中统钞和至

| 中统元宝交钞

元钞，基本的核算单位还是中统钞。在此期间，禁止民间私自贸易金银的命令被迫解除。钞法的败坏已经无可挽回。

顺帝即位后，施行了至正变钞，发行正面钞名仍为"中统元宝交钞"，背面印"至正印造元宝交钞"字样及交叉钱贯图形的至正印造中统交钞，同时铸造"至正通宝"，和折二、当三、当五、当十等大钱，与历代铜钱并用。至元宝钞也通行如故。结果没过几年，至正钞已经等同废纸，钞法就此彻底崩溃。

纸币的广泛使用令外来者们感到十分惊奇，马可·波罗将纸币视同为点金术，在他的描述中，在桑树皮制成的纸页上加盖大汗的印玺，这纸也便有了金子或银子的价值。

在元代的大部分时间里，宝钞作为唯一货币通行于全国各地，包括漠北草原、畏兀儿地方和西藏，只有云南因为旧俗是以贝为货币，可以同时通行贝币和宝钞。在高丽和东南亚的一些地方，宝钞也曾经是流通货币。受到元代钞法的影响，日本也曾印发纸币。公元1294年，伊利汗国仿照至元宝钞发行了纸币，这也是在当地第一次以雕版印刷的方法大量刊印印刷品，但是这一举措未能得到商人和民众的支持，很快就被迫中止了。

手工业

　　早期生活在草原的蒙古族，手工业十分落后，无法满足日常生活和战争的需要。因此在崛起后的每一次征服战争中，蒙古人都要大量掳掠工匠，为自己提供服务。在政府以管理赋役为目的的"诸色户计"中，世代专门从事手工业生产的匠户是最基本的"军、站、民、匠"四类之一，占有很大比重。在各种手工业产品中，能够提供奢侈消费的工艺美术品最受统治者的欢迎，元朝政府设立了众多的职能机构专门负责生产制造，仅他们辖下的官府作坊就至少有二百座，远超历代。

莲花形玻璃托盏
甘肃漳县出土

"枢府"窑瓷碗

木棉纤床

　　由于民族文化的关系，在手工艺制品中，蒙古统治者对丝织物、毛织品、金银器、玛瑙和玉器青眼有加，富有中国特色的瓷器比较不受重视，官方只在将作院下设立了一个品秩为九品的浮梁磁局负责管理。尽管如此，元朝的瓷器制造业仍然十分兴盛，北方的河南与陕西、河北的南部，南方的浙江、福建、江西都是瓷窑密集的地区，可以确认的瓷窑有几百座。元朝的瓷器品种繁多，艺术成就非常突出，影响也极为深远，统治者们所钟爱的手工艺美术品门类反而少有很高的历史价值。

　　官方对手工业的管控过于强大自然就会压抑民间手工业的发展，官营机构不但侵占了相当大的市场份额，也控制了大量优秀的手工艺人，同时，在法律、税收等方面也极大地进行限制，使得元代民间手工业举步维艰。尽管如此，毕竟手工业与人们的生活息息相关，在当时的经济生活中仍然不可忽视。

　　元代的纺织业发展很快，尤其在棉纺织普及以后。民间普遍存在以家庭为单位的纺织生产，其产品后来可以直接缴纳税收。一些商人和业主也组织了规模化生产，尤其在苏杭一带，逐渐形成全国性的生产中心。值得注意的是，雇佣劳动在以纺织为代表的行业中已经普遍存在。

海外贸易

对财富的狂热追求，使元朝的统治者们用非常宽容和支持的态度看待商业活动，海外贸易可以带来世界各地的奇珍异宝以满足统治者奢侈生活的需要，又可以通过商业活动获取厚利，因而在元朝的商业活动中占有很大比重，得到政府远超以往的重视。

泉州的阿拉伯人后裔蒲寿庚曾经是南宋政府主管海外贸易的官员，在元军到来之际做出了明智的选择，受到忽必烈的赏识。公元1277年，元朝在泉州设立了管理海外事务的市舶司，蒲寿庚成为贸易政策最初的执行者。他向海外各国传达出了政府的积极态度，并得到了良好的回应。

作为当时最重要的贸易口岸，泉州迅速成为中国第一大港，也是与埃及的亚历山大齐名的世界上最大的贸易港。因为长有许多刺桐树，所以泉州以刺桐港之名名扬世界。市舶司这个机构也在广州、宁波、上海等其他港口城市陆续设立，到了公元1293年，已经有七个，后又经过合并改组，长期保留下来的是广州、泉州和宁波三个。

| 出使波斯石刻

元朝政府为对于表现出色的官员和商人或者升官，或者厚赏。经营海外贸易的商人可以免除杂役。政府定的税制很低，最初细货只征十分之一，粗货只征十五分之一，后来提高了，也不过细货五分之一，粗货十分之一。政府明令保护外国商人的利益，严禁官员勒索，外商有困难，相关官府要全力支持。不过也有例外，政府曾经四次下令禁止海外贸易，但都是很快又恢复了，中断的时间总共只有十年左右。

经营海外贸易的民间商人当时被称作"舶商户"或者"舶商"，他们往往因此而暴富，在一段时间里他们甚至成为主要力量。为了谋取利益，政府除了管理之外，也直接介入贸易活动。由市舶司制造海船，提供资本，招募商人出海贸易，这种制度叫作"官本船法"，所得利润，政府占七成，经营者占三成。

通过海外贸易从中国输出的货物超过两百种，以丝织品和瓷器最为重要。泉州是丝织品外销的主要港口，以至在英语、德语和法语中，缎子一词都来源于刺桐的阿拉伯语音译。元朝是瓷器发展的黄金时代，通过海外贸易，中国瓷器成为在亚、非、欧都广受欢迎的商品。对于商人们来讲，瓷器不仅是畅销的商品，在海上运输过程中，成批的瓷器还可以作为压舱物，使货物的运载量达到最大，以谋取最大利润。

| 龙泉窑瓷碗

工艺篇

纺织

　　出于皇室与王公贵族的偏爱，精美华贵的丝绸织物在元朝大行其道，从事丝织业的大型作坊都由官府设立，明确列入职官序列的就包括丝织作坊六十四所、织佛像作坊一所。这些机构每年各自的生产额度动辄三四千匹，如果再算上民间出品，数量之大足以令人叹为观止。当时丝绸织物的主要品种包括风靡天下的织金锦，在元代通常称呼以波斯语或是阿拉伯语的名字"纳石失"；来自中亚的传统织锦"撒答剌欺"；四川的特产蜀锦；后世称之为缎的苎丝；唐代开始从西北传入中原的缂丝；专为皇家制作，记录已故帝王后妃形象的织御容；以及应用范围极广的刺绣等。

纳石失辫线长袍

| 绣花夹衫

虽然饱受后人对绣画工艺的诟病，但元代的实用品刺绣其实较之以往仍有着不小的发展。在官方而言，至少有工部大都人匠总管府的绣局和匠作院异样局总管府的异样纹绣提举司这两个机构专门负责刺绣的生产制作。到了元朝中期，当时最为著名的刺绣产地福建仅福州一地就有五千名男女绣工为官府提供服务。而在被禁止获得和使用高级丝绸织物的民间，刺绣在日常生活中自然占据了非常重要的地位，精美的刺绣作品其价值还在上位者们所喜爱的织金锦之上。

对于平民百姓的生活影响更大的是棉布的迅速流行。早在汉唐，西北、西南和南方沿海地区已经出现棉布织造，但是产地偏远导致发展缓慢。元朝的统一，使棉花种植技术得以在江、淮和黄河中下游地区普及推广。立国不久，浙江、江西、福建、湖广等地的棉纺织业就已十分兴盛。棉布质地柔软又结实耐用，更重要的是价格低廉，所以很快就成为普通人衣物的主要用料。

松江府上海乌泥泾人黄道婆年轻时一度流落到海南岛，在那里掌握了全套棉纺织技术。她返回家乡的时候带回了先进的生产工具和制造方法，又结合本地的传统工艺，使松江地区原本落后低效的生产方式实现了飞跃，成为全国棉纺织业的中心。

青花蕉叶纹觚

青花瓷

  元代的瓷器制品中，具有革命意义的新品种是釉下彩瓷器，其中最著名的是青花瓷。所谓青花瓷，是指用氧化钴为呈色剂，在瓷胎上绘画，然后在上面施以透明釉，在高温下一次烧成，成品呈现蓝色花纹的釉下彩瓷器。这种技术在唐代就已经出现，宋代时也继续使用，但是还处于较为原始的状态，没能形成大规模生产。到了元代，青花瓷的烧制技术已经非常成熟。

  较之以往的瓷器，青花瓷的优势是很明显的。在釉下彩未能广泛使用以前，在瓷器上施以彩色是一件很困难的事，因为在窑里进行高温烧制时，很难加以控制，所以对瓷器的装饰采用的大多是刻花、划花、印花等。釉下彩技术出现后，就可以直接在瓷器上进行绘画，制作者发挥的余地就大多了。而且青花运用的是钴料，着色力强，色彩鲜艳，在烧制过程中，窑内的温度变化对其影响较小，烧成可能性较大，而且呈色稳定。另外，因为应用了釉下彩技术，所以绘上去的图案永不褪色。由此可见，青花的大量烧制成功是中国瓷器发展史上具有里程碑性质的事件。

青花瓷能够在元代迅速发展，除了烧制技术已经趋于成熟，主要统治者蒙古族的色彩喜好也起了很大作用。在蒙古族崇信的原始宗教萨满教中，蓝色象征天，白色象征善。主要来自西亚和中亚的伊斯兰文明对青花的色彩和图案也有明显的影响。

尽管后世看来，青花瓷代表了元朝瓷器技术和艺术双方面的最高成就，但当时的汉族士人却不这么想。典型的青花瓷图案色彩鲜丽浓艳，装饰繁多，体形巨大，于是有人做出了"且俗甚矣"的判断。或许在他们眼中，青花瓷的异族风格过于浓重。符合他们审美标准的还是仿照宋代哥窑、汝窑、龙泉窑等著名窑口烧制的白瓷、青瓷，在这种趣味的影响下，青花瓷也向着符合中原传统审美观点的方向发展，出现了造型典雅、装饰简洁的作品。

在元代的出口商品中，瓷器占的比重很大，在整个亚洲和东、北非的沿海国家都非常畅销，并且流入欧洲，有着很大的国际影响，成为足以替代陶器、铜器和玻璃器的日常生活用品。青花是外销瓷中最受欢迎的品种，一些国家不但大量购买，而且还自行仿制，可以说是另一种方式的文化交流。

青花云龙玉壶春瓶

金银器

　　蒙元统治者对金银器的爱好只能用狂热来形容，他们试图用金银来装饰生活中的每一个细节，甚至连马槽也要用银来打造，让马可·波罗等来自异国的人士们惊叹和羡慕。上有所好，下必甚焉，不仅贵族官吏，民间也被这个风气所深深感染，富足的平民们也以大量拥有金银器为荣。因此元朝政府一直试图对金、银的使用严加管理，制定了专门制度来保证不同阶级使用金银制品时所享有的不同权利。

　　为了控制金、银的流通，政府经常进行专卖。公元1282年，政府颁布了法令，规定在专卖时期，工匠只能用顾客带来的金银打造器物，做成后要在器物上凿记匠人的姓名。正是因为这样的规定，一些社会地位不高的手工艺人们的名字才能为后人所知。在目前发现的元代金银器上我们可以找到章仲英、闻宣、徐二郎、朱五郎、

| 银玉壶春瓶

| 金飞天头饰

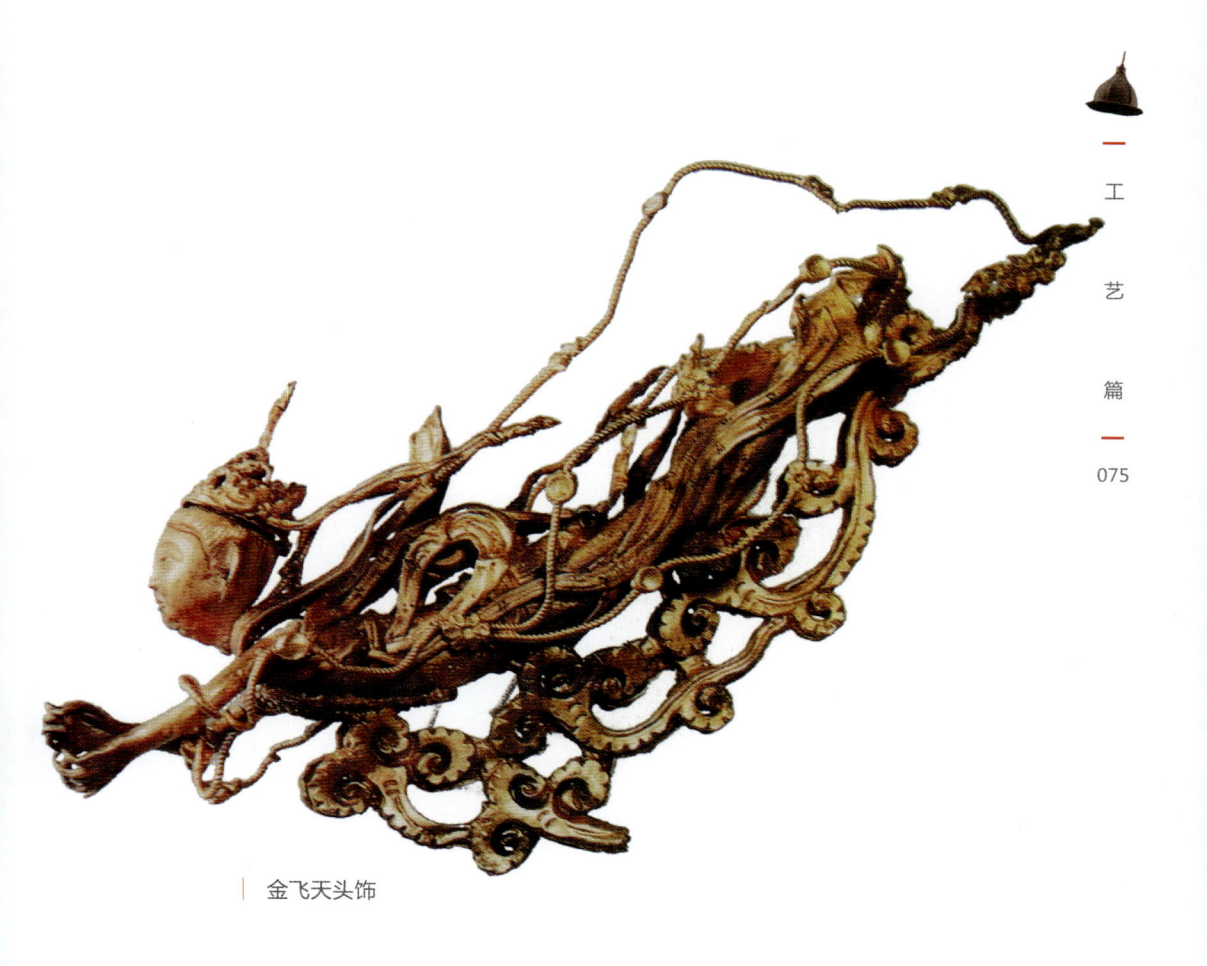

沈万二郎、董乙郎、张四郎、陈子禾、林子成等。嘉兴人朱碧山不仅是这些元代金银器艺人中的佼佼者，也是中国历代同行中最著名的一位。他的作品结构设计精巧，造型典雅优美，出离了匠气而有文人风，所以饱受赞誉。

  在这些工匠的手中，元代的金银器制作呈现了一派新面貌，他们的作品种类很丰富，有盘、碗、杯、盏、瓶、壶、勺、筷、簪、钗、耳坠、手镯、香薰、带饰，等等。这些金银器的技术和艺术风格既传承了宋代的精妙，又接受了异域的影响，形成了两大类型。一种类型受到了宋元时期瓷器的影响，讲究造型，器物多是素面，不作装饰，或者只在局部有些点缀。另一类则是纹饰华丽繁复，有花卉瓜果、人物故事、鸟兽鱼虫等多种题材，应用了錾刻、模冲、锤揲、镂空、掐丝、错金等复杂工艺，对后世金银器风格的转变产生了重要的影响。

都城篇

哈剌和林

随着对外扩张愈演愈烈，被征服者的文化对征服者形成了强烈的冲击，大蒙古国的第二任大汗窝阔台决定建立一个城市作为首都。城市被命名为哈剌和林，地址选在鄂尔浑河畔，这里是漠北草原的中心地带，成吉思汗曾经把自己的一个大斡耳朵设在这里。工程在公元 1235 年的春天开始，主要的建造者是来自汉地的工匠，也有许多中亚等地送来的穆斯林匠人。第二年，最重要的建筑万安宫落成，标志着蒙古人无论是生活方式，还是统治思想都发生了变化。

| 哈剌和林城遗址

哈剌和林城遗址出土的石柱础

　　哈剌和林并不是一座很大的城市，南北长约 4 里，东西宽约 2 里。作为一座 13 世纪的首都，这个城市的结构还不完备，在普通城区和宫城之间没有皇城的过渡，这使它更像斡耳朵宫帐群模式的延伸。宫城位于哈剌和林的西南角，周长约为 2 里，位于中央的是一座中国传统样式的建筑万安宫。宫城共开四座门，按照蒙古人的传统习惯，南门为大汗专用，东西两门分别供王子、亲族和后妃、公主出入，北门是普通人的通道。

　　宫城之外主要分为两大区域，一个是回回市区，精于商业运作的中亚商人们把这里变成了市场贸易的中心，而且因为距离宫城较近，各国的使节们也经常在此出没。另一个是汉人市区，汉人工匠聚居在这里，为大汗和王公贵族们提供服务。这两大区域之外，还有各级官员的住宅。来自欧亚各国的使节、商人、宗教人士与历次西征俘虏的许多法国人、英国人、日耳曼人、匈牙利人和俄国人让这座城市表现出浓郁的国际化色彩。到了公元 1253 年与公元 1254 年间，城中已有"十二个不同民族的偶像寺院"、两座清真寺和一座基督教堂。哈剌和林用土筑成的城墙上开有四座城门，"在东门出售当地少有的粟及他种谷物；在西门出售绵羊及山羊；在南门出售牛和车辆；在北门出售马匹"。

元朝建立以后，哈剌和林不再是都城，但仍然是漠北草原的经济政治中心，元朝政府将漠北行省的治所放在这里。元朝灭亡后，败走的蒙古政府又以哈剌和林为根据地建立北元政权，明朝军队的不断进攻和内部永不停止的权力争夺使北元很快走向了衰落。哈剌和林见证了蒙古从极盛到败亡几乎所有过程，最终成为这个一度最强大的帝国的随葬品被时代湮没。

上都

公元1256年3月，当时主管漠南汉地的忽必烈决定兴建一座新的城市。刘秉忠为他选择了滦水北侧，桓州之东的龙岗为建设地点。这里气候凉爽，北依南屏山，南临金莲川，东、西两方都是广阔的草原，自古以来就是北方游牧民族理想的牧场，而且又靠近农耕地区的边缘，非常适合忽必烈的身份。

三年之后，一座被命名为开平的草原城市落成。忽必烈即位以后，放弃了哈剌和林，将统治中心转移到开平，公元1263年，开平升为都城，定名上都。第二年，忽必烈又将当时的燕京改名为中都，明确以中都为首都，上都为陪都。

上都完全是中国传统都城的格局，面积共约4.94平方公里，由外城、皇城、宫城三部分组成，外城东墙长2225米，其余三面长度都是2220米。皇城在外城的东南角，呈正方形，四角有高大的角楼，每边墙长约1400米。宫城在皇城的中央偏北，四角建有角楼，东西宽约570米，南北长为620米，东、西、南三墙的正中各有一座城门，名称分别是东华门、西华门、御天门。

外城的北部是皇家园林，其余三面都有关厢。西关有马市，应该是商业区，东关邻近皇城，是到上都来的王宫贵族安置手下的地方。南关在皇城的南门明德门外，是进入上都的主要通道，非常繁荣。在上都的东、西各有一座规模巨大的粮仓，每年可收贮粮食三四十万石。在城外的草原上，忽必烈还建有皇帝的营帐，可以容纳上千人，是举办忽里台会议的地方。

| 元上都遗址

上都的标志性建筑是大安阁，这座雄伟瑰丽的建筑原本是金亡以后，汴京唯一一座完整保存下来的建筑熙春阁，为了营建中都，整体拆迁至此。大安阁共有三层，上层供奉释迦舍利像，中层为帝、后的居所，下层是用来举行重大典礼、议事的朝殿。自元成宗开始，元朝历代皇帝都在大安阁举行即位仪式。

每年二三月份，皇帝都会从大都出发，前往上都避暑，举行宴饮、射猎、祭祖等蒙古民族色彩很重的活动，然后在九月前后返回，这是元朝的两都巡幸制度。这是北方游牧民族进入中原以后的典型做法，定期来往于游牧地区和农耕地区之间，以保证既能控制中原乃至全国，又保持与草原深处诸部落的密切关系。

公元1358年十二月，一支义军越过大同，攻入上都，然后用一把大火将百年以来陆续兴建的宫殿化为灰烬。从此，元朝皇帝停止了两都巡幸。公元1368年八月，最后一位元朝皇帝最后一次来

| 元上都出土汉白玉螭首

到上都,此时的上都一片狼藉,他只能住在营帐里。几个月后,在明军的进攻下,顺帝逃入草原深处。

| 汉白玉龙纹角柱

大都

早在忽必烈即位之前，就有人提出燕京"南控江淮，北连朔漠"，利于掌控天下。公元1272年，元朝政府正式将燕京命名为大都，成为元朝的首都，这也是北京作为中国首都七百余年历史的开端。

营建城市的工程开始于公元1267年。公元1274年正月宫阙落成，忽必烈在这里举行了朝会。公元1276年，大都宣告建成，但实际上全部完工已经是公元1283年的事了。参与兴建大都的人们来自众多的民族和不同的文化背景，主要设计者是刘秉忠，他的弟子赵秉温勘测地形，绘制图纸，另一个弟子郭守敬设计和修建了大都城的水利系统。汉军将领张柔、张弘略父子、蒙古人也速不花、女真人高觿等负责营建工程。来自大食的色目人也黑迭儿担任营建宫殿的工匠总管。尼泊尔的艺术家阿尼哥主持修建了大圣寿万安寺白塔。河北曲阳的石工杨琼设计制作了许多宫殿楼台的石雕。

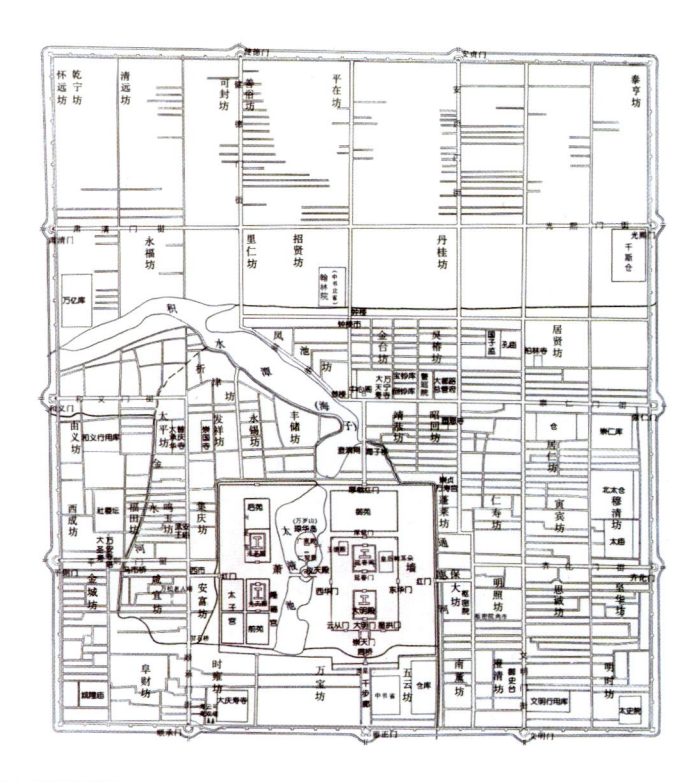

元大都平面图

元大都妙应寺白塔

建成后的大都，总占地面积约 50 平方公里，有外城、内城、宫城三重。外城东墙长 7590 米、西墙长 7600 米、南墙长 6680 米、北墙长 6730 米。皇城以太液池为中心，在大都城的南部中央。宫城也叫作大内，正处在大都的中轴线上，东西宽约 740 米，南北长约 1000 米。登基、正旦、寿节等重要朝会仪式都在大明殿举行，殿前的台基上种有忽必烈命人从漠北草原移植来的莎草，用以告诫子孙祖宗创业的艰难。延春阁是后廷的中心，与大明殿有一个共同的特点，就是殿内的装饰很有蒙古人"毡帐"的色彩。此外，宫城中还有一些富于异域色彩的建筑，如棕毛殿、畏兀儿殿、水晶殿等，体现了元朝多种文化并存的大背景。

大都的主要干道九纵九横，形成了棋盘式的格局。在干道之间有 384 条火巷，29 条胡同。值得一提的是，现代北京的胡同一词就是从大都时开始使用的。纵横交错的街道将市区划为 50 个坊，坊各自有门，上面写着坊名。坊内分布着官署、市场和居民的住宅。大都的商业区主要有两处，一处在钟楼、鼓楼和海子一带，是大都最重要也最热闹的商业区；另一处在西城的羊角市，主要是各种牲畜的交易市场。

大都的居民有十万户，约五十万人。无论人口还是规模，大都都是 13 世纪世界上最大的城市，唯一能与之媲美的是被西征的蒙古军破坏之前的巴格达。这座伟大的城市不仅是中国的政治、经济、文化中心，也是当时世界上最富庶、商业贸易最发达的都市，同时还是世界性的文化交流中心。城中除了汉、蒙、色目和其他民族的定居者外，经常可以见到来自亚洲、欧洲和非洲各国的使节、商人、传教士和旅行家们的活跃身影，他们中的一些人选择了这里作为永久的家园。对于这座城市，外来者们通常更喜欢用一个突厥语的名字来称呼：汗八里，意思是大汗的城市。

| 元大都出土的影青瓷观音

中都

公元 1307 年，忽必烈的嫡孙成宗铁穆耳在没有指定继承人的情况下去世，在帝位争夺中获胜的海山在登基后的第十天就宣布要营建蒙古人的第四座都城——中都。中都的地址选在今河北张北县境内，距离大都 265 公里，上都 195 公里，南、东、北三面是广袤的草原，西方是山脉，附近河湖众多，当时被称作"旺兀察都之地"，意为"有船的地方"。这个地方处在游牧地区和农耕地区的分界线上，"北通和林，西达西域，北连草原，南制中原"。这种特殊的地理位置和海山在漠北草原长期生活的经历，意味着中都一旦建成，元朝的政治格局就有可能发生很大变化。

工程开始于这一年六月，在以后几年里，政府投入了大量的人力物力。海山对中都的建设表现得非常急迫，不断严令加快中都的建设速度。然而刚刚做了四年皇帝，武宗海山就在公元 1311 年病逝了，爱育黎拔力八达继承了大位。与兄长不同，这位后来被称为仁宗的皇帝推行汉法，尊孔崇儒，力主以农桑为本，竭力矫正海山留下的弊政，这项庞大的工程被立即停止。中都从来没有机会行使作为都城的职能，甚至连普通城市的功用也未曾启动。

元中都城墙东北角楼遗址

| 河北张北元中都遗址出土的莲花灯

　　尽管未能完工，中都的建筑格局已经十分明确，完全是按照一个正规的汉化都城进行的规划。这个夭折的城市总占地面积为5.9平方公里，规模在蒙古人的都城中仅次于大都。中都由外而内分为外城、皇城、内城三个部分，"回"字形相套。与大都和上都不同，中都的宫城位于全城的中央，为一个长610米、宽555米的长方形。皇城整体也是长方形，长910米，宽755米。外城的东、西城墙各长2310米，南北城墙各长2555米，各距宫城城墙850米。

　　这样一座本来可能会改变元朝政治态势的城市，结果被降格成了行宫。不过元朝皇室内部复杂的斗争不会让中都这么快就结束历史使命，十几年后，海山的两个儿子又在这里上演了"旺兀察都事件"，这是中都唯一一次在元朝的政治舞台上发挥作用。

公元 1368 年，元朝的末代皇帝在逃亡的途中来到了中都，他的父亲就是横死在这里的和世㻋。这里地面上的一切已经在十年前，红巾军迂回攻击上都的途中被习惯性地烧毁，一代帝王的宏伟规划最终还原为草原牧场，只是在乱草丛中多了些断壁残垣。

交通篇

驿道

蒙元时期，通常把驿站称作"站赤"，这个词汇来源于古阿尔泰语，原意为掌驿站者。大蒙古国建立之初，成吉思汗就命令"在国土上遍设驿站，给每所驿站的费用和供应做好安排"。窝阔台是站赤制度的实际创建者，在他的推动下，驿站在草原地区和农耕地区全面建设起来，向南可以到达中原，向西可以直抵拔都的领地。对于这一成绩，他本人颇为自得，认为是自己即位后所做的四件大事之一。

| 八思巴字乘驿牌符

"常乐站"印

　　元朝建立以后，疆域之广阔在历代中国王朝中空前绝后，制度得到进一步完善的驿站将国家的各个角落联系在一起。四通八达的驿道以大都为中心向各个方向辐射，形成了当时绝无仅有的交通网络：东连高丽，东北至奴儿干，北达吉利吉思，西通伊利汗国和钦察汗国，西南抵西藏，南结安南、缅国。到了元世祖后期，驿站的数目大约已经超过1500个。

　　原先驿站只有陆站，元朝平定江南以后，又增设了水站，一度还设有海站。因为地理环境的差异，陆站又根据交通工具的不同分为马站、牛站、驴站、车站、轿站和步站。在位于北方寒冷地区的辽阳行省，还提供狗站，以狗拉雪橇提供服务。

| 八思巴字圣乘驿牌符

　　根据政府发给使用者的牌符或者乘驿文书，驿站必须提供相应的交通工具和饮食住宿等服务。负责管理驿站的主要是通政院和兵部。前者几废几立，主要管理与驿站有关的事务。兵部则更倾向于制度方面的工作。为驿站提供服务和物资供应的站户，在诸色户计中数量仅次于民户。站户要按规定提供交通工具和服役的人，有部分站户还要向过往使臣提供肉、面、米、酒等。根据至元后期的官方资料统计，除西藏外，当时的驿站使用的交通工具包括44293匹马、8889头牛、6007头驴、4037辆车、378乘轿、5921只船、1150只羊、3000只狗，另外还有步站的递运夫3032名。这些绝大多数都由站户提供，其负担之重可见一斑。

　　为了及时迅速地传达朝廷与地方的文书，忽必烈在原有的驿站系统之外，又设立了急递铺系统作为补充。在驿道上，根据距离远近和人烟密集程度，每隔"十里或十五里或二十五里设一急递铺"。按照规定，在传递急递文书时，每昼夜要行走400里。每个急递铺都要做到日夜兼行、风雨无阻，是一个效率很高的官方邮递系统。

运河

中国的经济重心在两宋时期已经完全转移到了江南一带，大都作为全国的政治中心和新兴的大型城市，迫切需要得到南方大量的粮食供应，将各地征收的赋粮运送到大都将是一项巨大的工程。

以往历代主要依赖运河进行输送，但经过长年的战乱，尤其是金与宋的南北对峙，使著名的大运河完全失去了作用，部分河道填塞干涸，或者成为道路，或者盖起了房屋，或者索性种上了庄稼。而且黄河屡次于河南决口，下游剧烈变迁，形成了黄河"夺淮入海"的局面。这些都给恢复运河交通带来了很大麻烦。最初进行的河运路线曲折迂回不说，其中从山东西部开始有一段陆运，每年尽全力也只能运送二三十万石。在这种情况下要想充分利用运河，不是简单的整治和修葺就能解决的。

公元 1275 年，郭守敬在经过踏勘以后提出开凿济州河的建议，得到了忽必烈的支持。七年后，工程开始实施。公元 1283 年八月，一条全长 150 公里的河道沟通了原有的淮扬运河和入海口在渤海的大清河，来自南方的粮船顺这条河可以入渤海，然后北上进界河口，最后到达通州。由于水量和潮汐的影响，大清河的泥沙淤积问题严重，最后又被迫改用陆运。

| 位于今北京海淀区的广源闸

汇通祠内设有郭守敬纪念馆

为了彻底解决陆运的困扰，在经过不到半年的开凿后，公元1289年六月，会通河通航了。这条全长250公里的运河不仅结束了陆运的历史，而且使南起杭州，北到大都的运河得以沟通。但是从通州到大都之间的河道较为狭小，不能通行大船，粮食的运输主要还是依赖陆路，费用高昂不说，如遇雨天，交通十分困难。

公元1291年，郭守敬提出了在通州和大都之间穿凿新河的规划，两万多名军人和工匠用了一年多时间，在公元1293年的秋天让这条河交付使用。从上都巡幸归来的忽必烈对此非常高兴，赐名为通惠河。通惠河的修成让从杭州出发的运粮船可以直接抵达大都的积水潭，海运的粮食也可以借助这条河运进大都。

全线贯通的京杭大运河连接了中国的五大水系，是当时一条重要的交通线，而且带动了流经地域的经济发展。在元代，虽然相对于海运，运河运输居于辅助地位，但在沟通南北交通方面仍然起着不可取代的作用，尤其是对民运、商运和私人旅行，运河都提供了极大的便利。

海运

　　初期河运的不成功,迫使元朝政府寻找新的解决方案。公元1276 年,伯颜占领临安以后,曾经利用海运将南宋的库藏、图书和财货运送到大都,这给了元政府一个启示。公元 1282 年,伯颜在得到忽必烈的批准后开始试行海运。第一次海运只运送了四万六千余石粮食,而且由于受到风暴、潮汛等自然条件的影响,第二年才到达目的地,但这仍然是一个好的开端。与水陆转运、河海联运过程中出现的不利因素相对比,海运在经济上的效益非常明显。从此,海运的数量不断增加。

　　公元 1288 年,元朝政府设立了都漕运使司和京畿都漕运使司,专门管理南方运来的粮食物资,实际上主要的作用是处理海运的衔接,这意味着海运已经代替河运,成为运粮北上的主要方式。两个南宋时期的海盗首领朱清和张瑄是海运的主要负责人,他们因为帮助元军平定南宋获得了信任,经营海运以后,不但位高权重,而且借着特权成为豪富。为了表示对他们的信任和重视,忽必烈甚至将宝钞的钞版赐给他们,允许他们自行印造。这也从另一个角度说明了元政府对海运的重视。

元代海底沉船中发现的
磁州窑白釉黑花婴戏图罐

始建于元泰定三年（1326）的天津天后宫

　　海运的起点是刘家港（今江苏太仓浏河镇），直到进入天津界河口才完成海路的部分，其间水文地理复杂，气候变幻莫测。随着航海技术的发展，先后使用过三条航线。公元1291年之前，出发后几乎完全沿海岸航行，航期长达两个多月。公元1293年时从万里长滩到成山一段采取远海航行，如果顺风半月可达目的地，气候不好就需要一个月以上。从公元1294年开始，大段采用远海航程，最快十日皆可以抵达。此后海运均取这条航道。

　　海运的全盛时期是在公元1319年至公元1329年间，除公元1323年外，每年运粮数量都在三百万石以上，公元1329年更达到元代海运的最高额三百五十余万石。但是到了元朝后期，这项事业也逐渐走向衰败。元末农民战争全面爆发后，海运已经处于末路。元政府曾经尝试用就近屯田等方法解决粮食问题，都未能成功。起义者中的方国珍和张士诚一度降附，为元政府维持了几年海运，但每年北运粮食不过十余万石，而且随着他们先后再次叛乱，很快就中止了。唯一使海运一直坚持到元朝灭亡的是福建的陈友定，然而他的忠心也不过让海运的残局多维持了几年而已。

邻邦

　　公元 1218 年，蒙古军借口追击流窜的反蒙契丹贵族进入了高丽。高丽王朝出兵配合，于是与蒙古建立了联系。此后，每年向高丽遣使通贡、索取高额贡物的蒙古使者连绵不绝，终于在公元 1225 年引发了杀害使者的事件，双方关系断绝。此后双方时战时和。

　　直到公元 1259 年，高丽国王去世，忽必烈派兵护送作为人质的太子王倎回国继位，并实施了一系列怀柔的政策，局面才有所改变。高丽成为元朝的藩属国，国王通常都娶有公主称号的元朝宗王之女为妻，凭借驸马身份提高在元朝政府和本国的地位，保有局部主权。元朝在高丽设有军事和地方行政机构，则达到了进一步控制高丽的目的。此后高丽没有再发生重大反元事件。

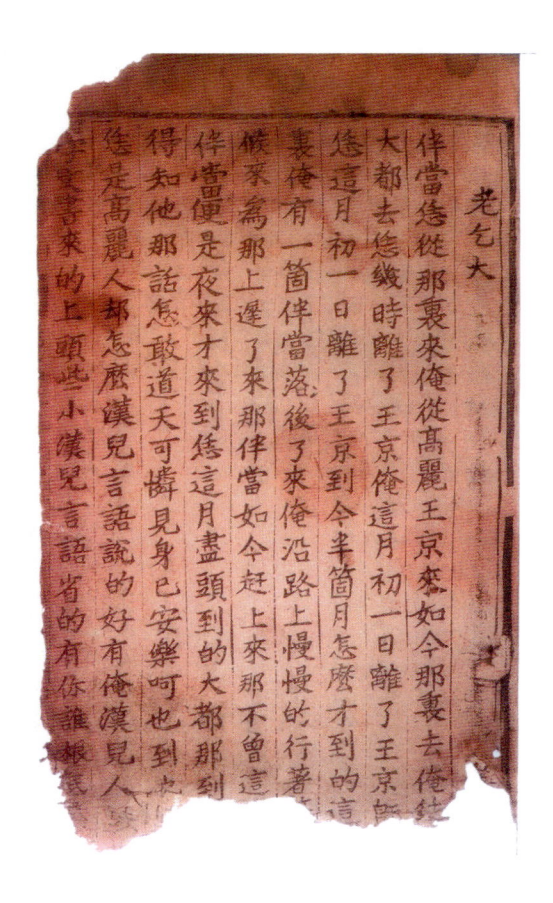

《老乞大》书影

众多日本入元求法禅僧追随的名僧中峰明本像

尽管双方的关系很不平等，文化、经济方面的交流却空前密切。理学和大量的中国典籍在这一时期传入高丽。元仁宗恢复科举后，高丽也按制度选送士人参加，即使未能合格，元朝也会授予官职，或者回国后凭此资历担任要职。有许多侨居中国的高丽人都在朝廷中谋求职务，甚至世代留在中国。当时为到中国经商和旅行的高丽人编写的汉语教材《老乞大》和《朴通事》，现在已经成为研究元朝历史的重要文献。

建立元朝以后，忽必烈屡屡试图通过外交方式将日本纳为藩属，始终没有成功，因此发动了日本称为"文永之役"和"弘安之役"的两次入侵，但都因台风和日本的抵抗而失败。元、日两方始终没有建立起官方往来，但民间的交流并未因此停止。每年都有日本的商船携带黄金、刀剑、木材、扇子、螺钿等货物到庆元（今宁波）、泉州、福州等地进行交易，从中国带走瓷器、香药、经卷、书籍、绘画、绫罗锦缎以及铜钱等。活跃在中日之间的还有僧侣们，有名可考的入元日本僧人就有 220 余人，赴日的元朝僧人也不乏高僧大德。大量的经卷、典籍在这一时期从中国传到日本，同时还有大批雕版工匠前往日本从事印刷业。

东南亚的一些国家也与元朝建立了联系。位于现在越南的安南和占城与元都发生过战争。安南还曾使元军遭受败绩，最终虽然入贡称臣，但还是以独立主权与元保持了良好的关系。今天的柬埔寨元朝时称作真腊，由吴哥王朝统治，与元政府有密切的往来。公元 1296 年，元成宗派遣使团前往真腊，其中的成员周达观根据自己的见闻写下了《真腊风土记》，为后人留下了记录吴哥时代柬埔寨历史最为丰富的资料。

马可·波罗

公元 1275 年夏天，年轻的威尼斯人马可·波罗跟随父亲和叔叔来到了上都，并被留在宫廷中。虽然后来他在著名的《马可·波罗游记》中宣称自己受到皇帝的尊重，并"当成心腹"，但是根据他自己的其他描述可以推测出，他其实担任了忽必烈地位不高的一般近侍，偶尔作为公务员到各地执行任务，当时的蒙古权贵普遍有着以色目商人做近侍的习惯。

马可·波罗说自己曾经担任三年扬州总督，更可能的是他以监察人员的身份居住在那里。蒙古的皇帝们确实有着用色目人监督和监视汉人官员的习惯。过分夸耀自己在遥远的国度中拥有显赫地位是很多冒险家共同的特点，但并不妨碍他曾作为特权阶层中的一员游历四方，对中国进行广泛而可信的观察。

马可·波罗访问过中国的许多城市和地区，包括大都、上都、杭州、苏州、扬州、西安、开封、成都、昆明、泉州等，甚至还有西藏。他满怀热情地记叙了这些地方的繁荣景象和风土人情，以及当时发生的一些重大事件。一些中国人习以为常的事物，比如纸币的广泛流通、煤和火药的使用、畅通无阻的驿道，甚至人们爱吃的面条都成为他的游记中最富影响力的内容。或许由于他本人不懂汉语，生活圈子主要局限在蒙古人和色目人之中，所以有许多后人看来属于中国特色的事物没有被他提及，这也是部分学者对他是否来

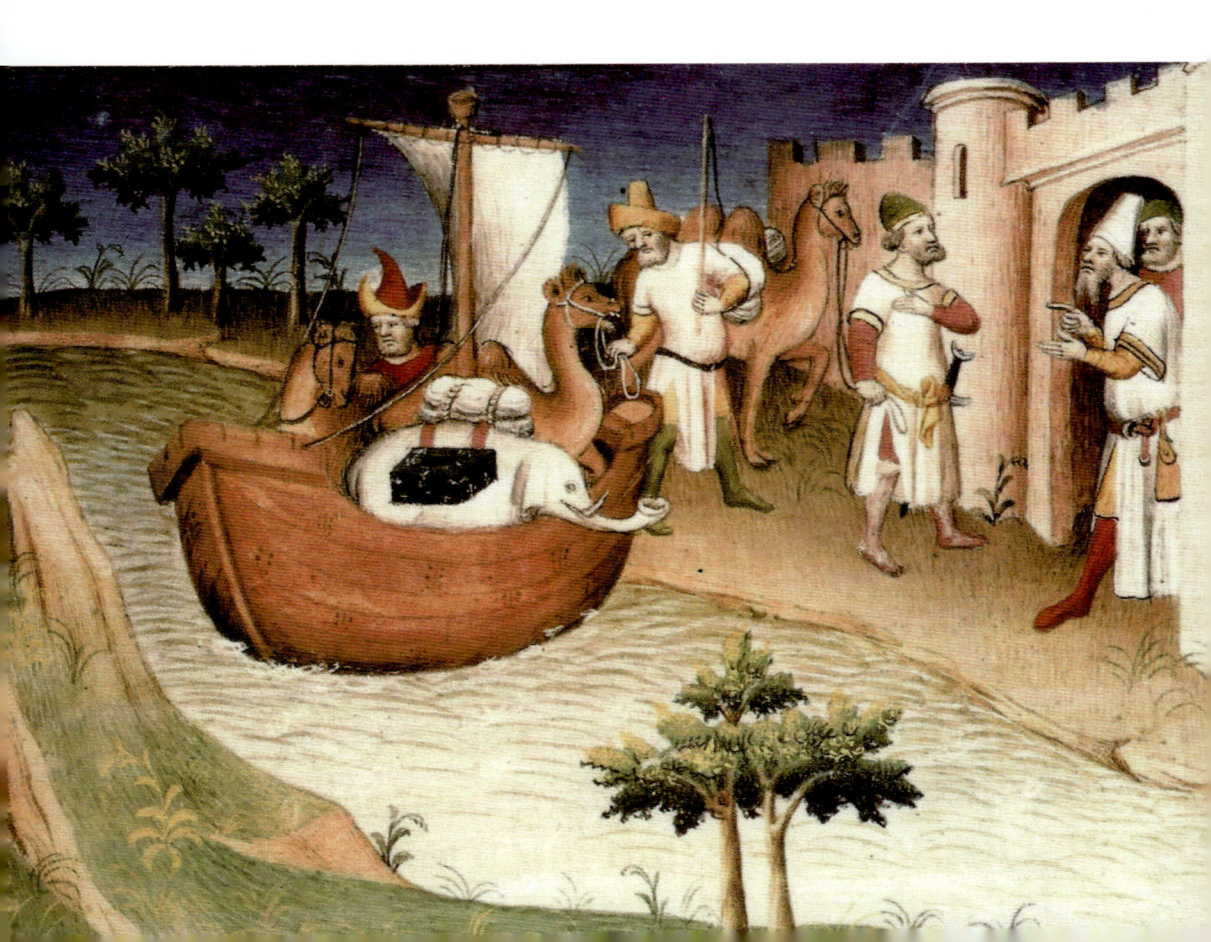

哥伦布在《马可·波罗游记》里做的笔记

过中国表示怀疑的原因之一。即便如此，马可·波罗仍然为人们留下了元朝初年中国社会风貌的丰富资料，这些对于当时的欧洲人来说几乎是全新的，对于后世则是不可或缺的学术资料和历史文献。

马可·波罗所讲述的经历对这个世界的影响是难以估量的，可以说开启了一个新时代。几乎直到近现代，马可·波罗的记录仍然是欧洲了解亚洲的重要资料来源。而他对东方的富庶和神秘近乎夸大的描写，更是充分诱发了商人的贪婪和探险家的好奇。从15世纪开始，众多的旅行家、航海家、探险家在他的影响下纷纷向东进发，寻找中国。哥伦布在他拥有的《马可·波罗游记》的空白处做满了笔记，这是他进行探险航行的信心根源。他最终发现了新大陆，但他的目标一直是马可·波罗讲述的东方。

《马可·波罗游记》插图

文化篇

理学

北宋灭亡后，大批知识分子南下，中国的学术重心也移到了南方。其中理学经过朱熹、陆九渊等大家的拓展发扬，不仅在民间受到尊崇，也逐渐被南宋政府接受。而在发祥地北方中原地区，理学依然传承有序，但是影响非常有限。在宋金对峙的情况下，南北理学之间的交流几乎断绝。

打破了这种文化隔绝状态的反而是宋蒙战事的展开。蒙古军南下伐宋的一个重要任务就是搜罗各种人才和典章图籍，一批名士和著作因此北上，其中对理学传播影响最大的是德安（今湖北安陆）人赵复。他在燕京的太极书院系统地讲授了程朱理学的思想、宗旨、书目和师承关系，将北方的儒者姚枢、窦默、许衡、刘因等人引进了理学之门，理学自此开始在全国范围内大行其道。

有元一代，理学名家辈出，最重要的是三个人：许衡、刘因、吴澄。许衡没有受过正规教育，少年时开始自学儒家经典，后来在姚枢那里接触到了理学著作，大为折服，从此专心程朱之学，并且极力宣扬和传播。许衡曾主持国子学，讲学的特点是简明易懂，教

许衡像

吴澄像

导了许多文化水平很差的蒙古、色目贵族子弟，使他们接受汉文化，了解中原文物制度，这也为程朱理学成为元代的官学，并且在学术和思想上占据主导地位奠定了很好的基础。

齐名于许衡的刘因师从与赵复一起北上的名儒砚坚，学术上在朱熹学说的基础上兼采诸家，有独到的见解。他认为《六经》是理学的基础，治学应以《六经》入手，然后再精研《论语》《孟子》等。同时他也提出"古无经史之分，诗、书、礼、春秋皆史也"，对明清的经学思想有很大影响。相较于曾官至宰辅的许衡，刘因曾经短暂出仕，之后隐居不出，以保持自己所持的"道"的尊严。他对理学的传播也主要在民间。

许、刘都是北方的大儒，而吴澄来自南方。他是江西抚州人，人称草庐先生。他的学术理念与刘因相近，也注重博采诸家。因为师承源流兼有朱、陆，所以他以朱学为根基，又对陆学的一些理论非常推崇，试图取陆学以补朱学，达到朱、陆调和。元政府屡次征召吴澄入仕，都被他设辞推脱，直至他六十岁的时候，才接受了主持国子监的任命。他一生中的大部分时间都在讲学、著述，从学术的层面推广和发扬理学内涵。

经过大儒们的努力，元仁宗恢复科举后，规定蒙古、色目、汉人、南人的经术考试都从"四书"出题，并指定使用《朱子章句集注》，这意味着程朱理学成为了元朝官方的学术，也意味着在全国范围内确立了其统治地位。

史学

在大蒙古国建立之前，没有文字的蒙古人通过口口相传保存自己的历史。成吉思汗征服乃蛮部以后，获得了用畏兀儿文字拼写蒙古语的方法，才有了文字记录的可能。大约在窝阔台在位的第十二年，出现了一本用蒙古畏兀儿文字写成的历史著作《蒙古秘史》，可惜的是作者无从考证。这部著作从蒙古祖先起源传说一直写到窝阔台在位期间的成就，是最早、最可信的记载蒙古历史的珍贵文献，同时也有很强的文学性，对蒙古族史学和文学的发展都有深刻的影响。

忽必烈在即位的第二年就设立了翰林国史院，由原来金朝的状元王鹗负责。在王鹗的建议下，官方修本国史和修辽、金史的工作开始进行。十五年后，元军攻占临安，修宋史也提上了日程。然而经过了几代皇帝，除了搜集资料之外，修史大业屡屡搁置，并未能顺利进行。究其原因，首先是资料不足，更重要的是修前朝史的根本意义在于确认本朝的正统地位，但是朝中对于宋、辽、金究竟谁是正统始终无法达成一致。直到末代皇帝顺帝时，执政的脱脱亲自担任三史都总裁，决定宋、辽、金分别修史，并且解决了人员、经费等问题，工作才重新启动。在不到三年的时间里，《辽史》《金史》《宋史》陆续完成。

官方修史之外，元代私人的史学著作也很丰富。以金朝遗民自居的元好问和刘祁都有记录故国史事的愿望。前者著有为二百四十多名金朝诗人立传的《中州集》、记载金朝皇帝和大臣言行的《金源君臣言行录》和关于金末代皇帝哀宗朝史事的《壬辰杂编》，后者著有《归潜志》，包括金朝人物传记和金朝遗闻轶事。

达到私人著史高峰的是胡三省、马端临和苏天爵。前两者都是南宋遗民。胡三省的著作《资治通鉴注》，或称《资治通鉴音注》，虽然是以《资治通鉴》注解的形式出现，但史论结合，借古喻今，被后人称为"足为千古注书之法"。马端临《文献通考》全书348卷，共分24门，是到元代为止规模最大的一部典制体通史。苏天爵曾参与《英宗实录》和《文宗实录》的纂修，在文宗天历间编成关于木华黎、耶律楚材等47人的《国朝名臣事略》15卷，另编有收录

翰林国史院藏书印

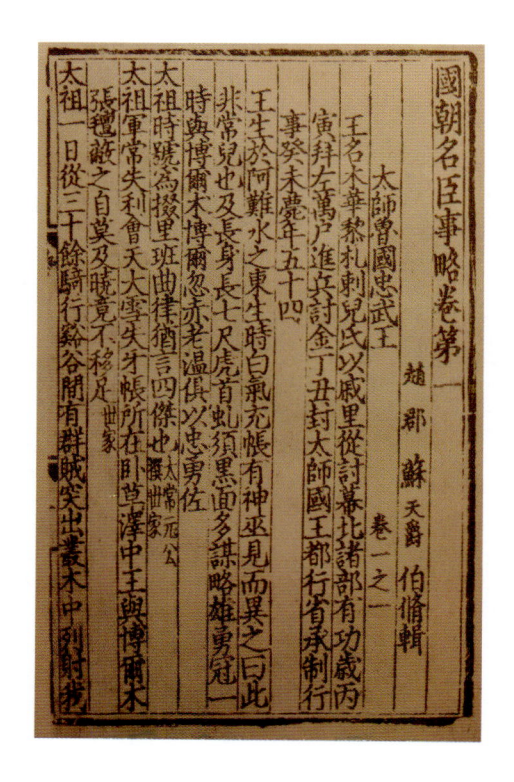

《国朝名臣事略》书影

元代名家诗、文八百余篇的《国朝文类》。

此外，在吐蕃地区，曾任蔡巴万户的僧人蔡巴·贡噶多杰撰写了藏族史学中第一部综合性的通史著作《红史》。

出版印刷

蒙元对金、对宋战争期间，战火频仍，文化凋敝，图书出版也受到了很大打击，但当时的燕京、平阳等地仍有图书刊印。忽必烈即位后，社会经济逐渐复苏，出版事业重新兴盛起来，并在全国统一以后，达到了可观的规模。蒙古统治者对文化的态度非常宽容，对图书很少过问审查，这是元朝出版事业能够兴盛的原因之一。

元朝中央政府先后设立了专门负责出版印刷的机构兴文署和广成局，但从现有记载来看，都没有刊印过多少书籍。中央政府及各机构编纂的书籍，通常都交由财力雄厚、属地出版印刷水平较高的地方政府刊印，如《辽史》《金史》就交给了江浙、江西两行省，《宋史》修成后被中书省直接指定江浙行省承担。

| 元刻本《春秋左氏传句解》书影

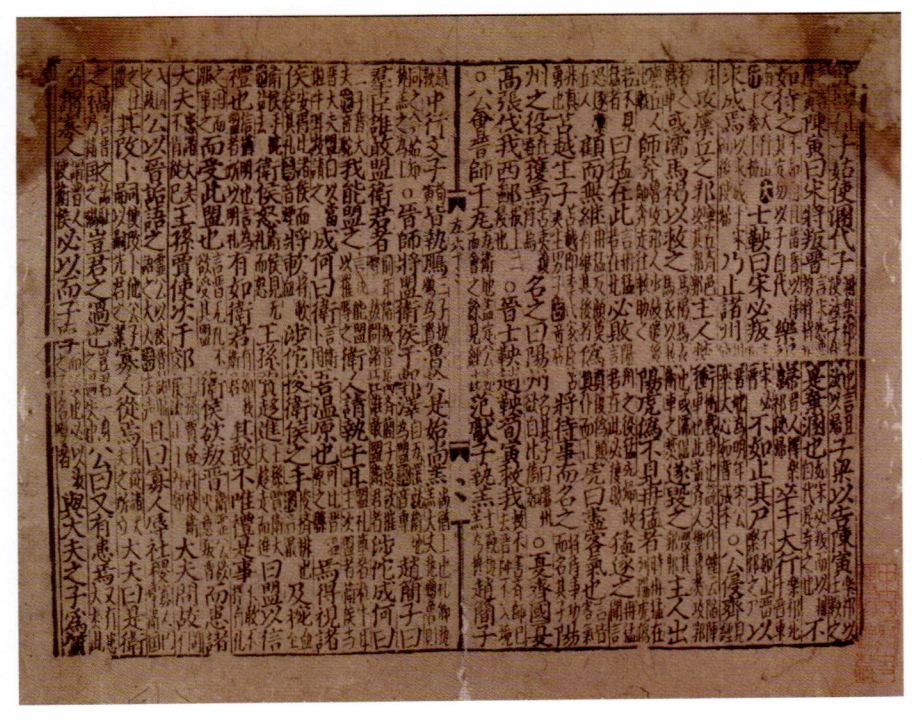

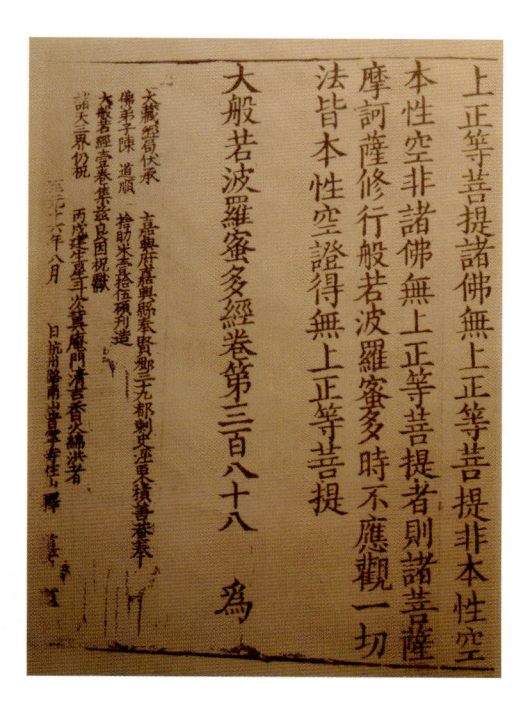

《普宁藏》书影

　　在行省之下的路、府、州、县都设有官学。官学一般都有学田和房产，用以负担学校的各项开支。其中财力较强、规模较大的官学也会将富余的资金用于刊印书籍。这种情况往往出现在江南的路学中，也有少量州学、府学。民间由著名学者主持的书院情况也类似。由地方官学和书院刊刻的书籍往往不以牟利为目的，因而质量较好。书籍内容比较丰富，以经、史居多，也有相当部分的前代或当代名人诗文集，还有医书、字书、类书等。

　　书肆印书和私宅印书是元朝民间出版的两种情况，前者是主要形式。当时民间出版最发达的地区是建宁路（今福建建瓯市），其下辖的建阳（今福建建阳市）尤其兴盛，有名称可考的书坊近四十家，个中魁首是余氏勤有堂。杭州、大都、平阳等地也是书肆出版的重镇。书肆出版的特点是市场行为非常明显，在经史子集和各种文集之外，为迎合受众需要出版了大量医书、学校和科举应试用书、日用类书和通俗文艺作品。与书肆印书相仿，元朝的私宅印书不如宋朝的规模。

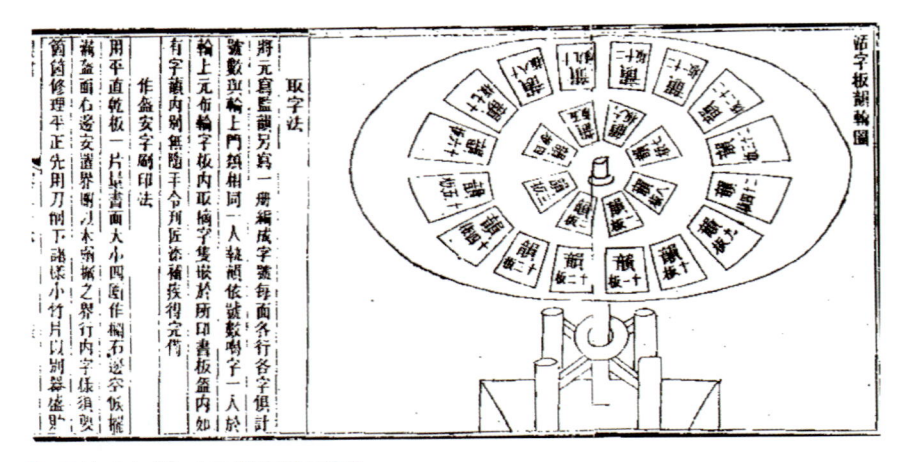

王祯《农书》中记载的活字韵盘

佛教和道教经典也是元朝图书出版的重要内容。元朝期间先后几次出版《大藏经》，分别被称为《弘法藏》《碛砂藏》《普宁藏》《崇宁藏》和《毗卢藏》，此外还刊印过西夏文字的《大藏经》。其他佛教经典就更多，甚至直到元朝末年还在刊行畏兀儿字佛经。道教经典的出版也颇多，最著名的有《玄都宝藏》。

印刷技术的发展也推动了元朝图书出版。雕版印刷到了元朝已经非常成熟。活字印刷自毕昇发明以后虽未能普及，但在元朝仍有人使用。蒙古前四汗时期，姚枢曾命弟子杨古以活字印书。王祯在其著作《农书》中，专有《造活字印书法》一文，概括地叙述刻字、修字、贮字、排字和印刷的工艺流程。

八思巴字

忽必烈即位以后，所使用的文字仍然以汉字和畏兀儿体蒙古文并用为主。随着各项政治制度逐渐趋于完备，作为一个正统王朝的君主，忽必烈希望可以用统一的文字行使政令，通行全国。当时应用比较广泛的几种文字由于来自被征服的民族，所以出于征服者的骄傲和自尊都不在考虑之列，他需要拥有一种蒙古人独有的全新文字。

创制文字的任务被交给了藏传佛教萨迦派的宗教领袖八思巴，他的伯父萨迦班智达曾经用藏文表音字母丰富畏兀儿体蒙古文，并形成了一套新的字母。深受忽必烈信任的八思巴学识非常渊博，而且在 10 岁时随伯父前往凉州与阔端会面后的十几年里一直生活在蒙古上层社会中，可以说是主持这件工作的最佳人选。

在畏兀儿人文书奴等人的协助下，八思巴用了几年时间在藏文的基础上创制出一套包括九个元音和三十二个辅音的拼音字母，元人通常称之为"国字"或者"国书"，后人习惯称之为"八思巴字"。这是一套可以用于多种语言的符号系统，尤其在拼写蒙古语的时候较之畏兀儿字更为精准。八思巴字拼写汉语也十分准确，可以说是汉语拼音文字的一次重大尝试。其他如藏语、梵语、畏兀儿语等也可以用八思巴字记录。八思巴字的字母为方体，书写时按照汉文和畏兀儿体蒙古文的方式自上至下书写，由右向左展开。

忽必烈采取了一系列举措确立这种新文字唯一的合法地位，包括在各路府州设立蒙古字学，吸收官僚子弟和民间人士入学，而且将教师的地位设置为高儒学教师一等，学生学成后考试合格即可担任学官或译史。公元 1281 年，元政府又在大都设立蒙古国子学，重点教授八思巴字蒙文。在政府机构内部，用八思巴字书写奏文和其他文件的要求也逐渐从中央的省部台院推广到各级大小衙门。

要兼顾拼写多种语言的初衷，却让这种文字在表示音值和构制字体的时候存在着缺陷。尤其在拼写蒙古语时，方形字体也远不如畏兀儿体蒙古文方便。所以即使是在强力推行的元代，八思巴字也主要是运用于官方文书，民间更多的还是在使用原有的文字。随着元朝的灭亡，失去了官方支持的八思巴字迅速退出了历史舞台。

《蒙古字百家姓》书影

用八思巴文字书写的元武宗加封孔子制诏碑

艺术篇

书法

　　在元朝初年的文人中,书法这种艺术形式已经广泛地流行。长期以来的南北分裂对书法的流传产生了巨大的影响,虽然都延续的是宋人"尚意"的笔法,但北方盛行的是由金朝传承下来的追求奇绝险峻的风气,南方则追求狂放不羁的神韵。书法家们过于热衷表现自己的胸中意气,而忽视技法功底。在很长一段时间里,中国没能出现真正具有个人风格的书法家。

　　这种情况直到赵孟頫在艺坛崛起以后才发生了变化,他提倡复古,强调以"古法"为准则,在他的带动下,元初的书坛上涌现出一批有成就的书法家。赵孟頫的朋友鲜于枢与他并称为"二妙",又有"南赵北鲜"的说法。在理论上,鲜于枢非常服膺并且追随赵

| 赵孟頫《闲居赋》

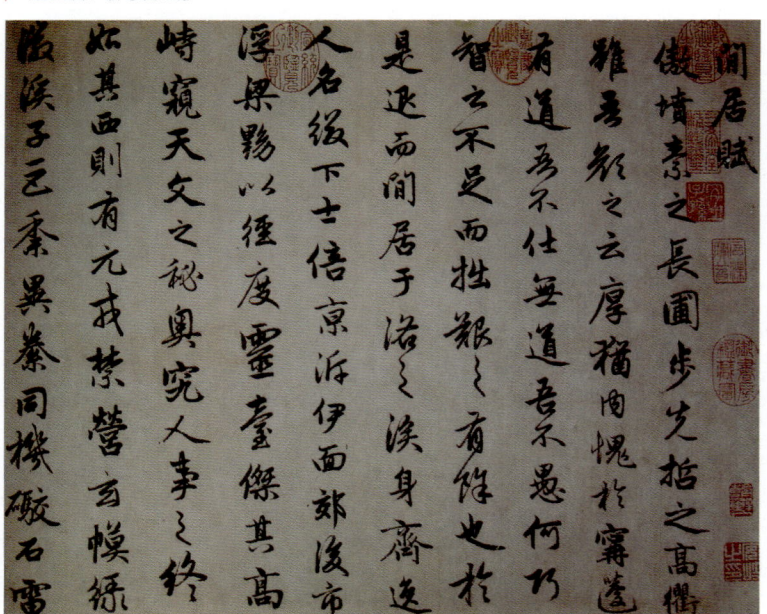

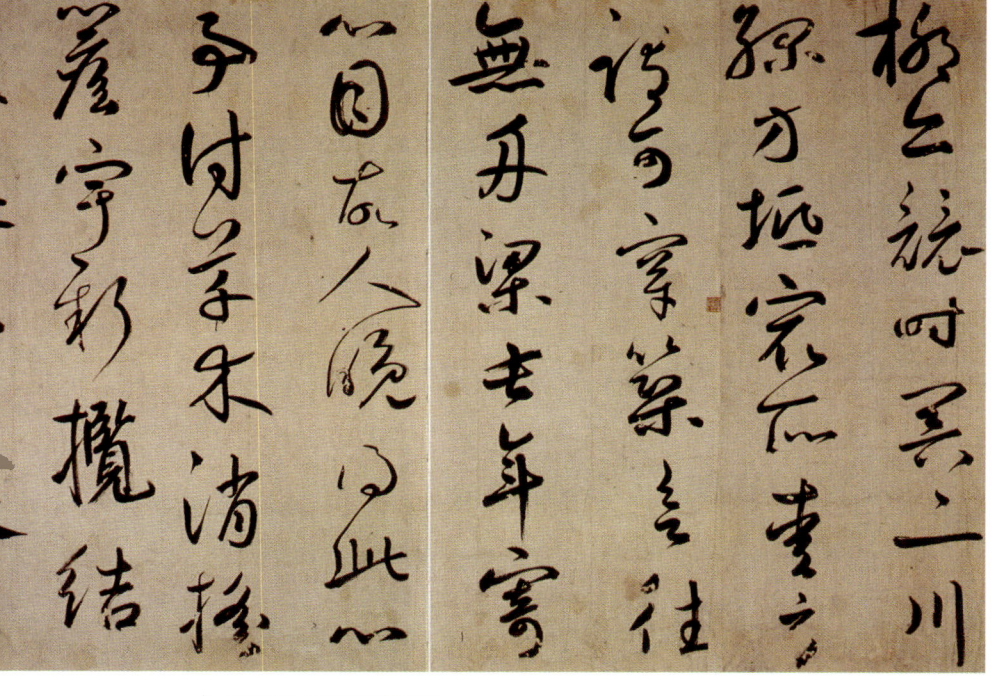

鲜于枢《王安石杂诗》

孟頫的观点。只是赵孟頫主要师承魏晋，而他则取法唐人。他在草书方面师法怀素而有新意，赵孟頫对此非常推崇，认为远在自己之上。鲜于枢的笔法骨力遒健，气势雄伟，行笔潇洒自然，自成一格，元朝书法简约的色彩也很浓重。邓文原与赵、鲜于并称为元初三大书法家，风格恰好在两人之间。他擅长楷、行、草书，运笔清劲秀丽、韵致古雅，流利矫健，很有个人特色。

当时著名的书法家虞集、柯九思、揭傒思、周伯琦、张雨、吾衍、俞和等不是学赵，就是遵循他的理论，其结果是风格渐渐定型，面貌日益单一，反而将书法界带入了新的困境。为了打破这种局面，一些书法家努力进行了尝试。冯子振和杨维祯另辟蹊径，用古拙、怪异和放纵的方式为元朝的书坛带来了一些新意，形成了"尚趣"的潮流。随着时间的推移，元朝各民族间的文化交流越来越深入，许多少数民族人士对中原文化有了深入的了解和掌握，出身于显贵

之家的回回人巎巎就是其中的一个。他吸收了赵孟頫的长处，更广泛汲取晋唐各大名家的精华，最终摆脱了赵孟頫的影响，建立起了自己的风格。他擅长楷、行、草书，行笔迅急，笔画遒媚，转折圆劲，是赵孟頫和鲜于枢之后成就最为突出的书法家。

总的来说，元朝的书法成就比较有限，但是仍然在书法史上占有重要地位，因为元朝书法避开了宋朝的流弊，远接晋唐，对古典传统做了深入的研究和学习，并创造出鲜明的时代风格，对后来的明清书法产生了深远的影响。

绘画

长期的社会动荡让南北的绘画流派和风格都产生了巨大的差别，北方沿袭着自五代至金的传统，几乎不受南宋画风的影响。南方的许多文人在民族等级制度的压抑下，因为仕进无门，转而投身于艺术活动，发展了宋朝以来的文人写意画。元朝的统一，使隔绝已久的南北画界有了相互了解和交流的机会，从而推动了艺术的进步。

郑思肖《墨兰图》

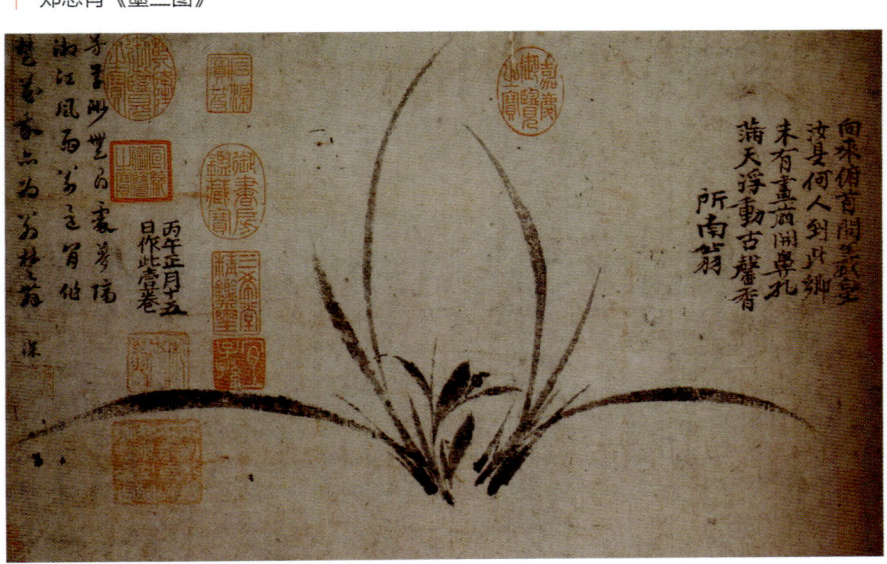

| 黄公望《溪山雨意图》

　　就身份而言，元朝的画家大致可以分为职业画家和文人画家两大类。元朝没有设置画院，宫廷和政府下的专门机构直接掌握了一批被称作"画匠""画工"的职业画家，为宫廷、王公贵族和官府绘制肖像、佛像和装饰陈设画，刘贯道、王振鹏、李肖岩等人都是这种情况。在民间也有一批职业画家，社会地位不高，其中较为著名的可以得到"画师"和"画史"的尊称。

　　从艺术史的角度观察，文人画是元朝画坛的主流，但是文人画家要远远少于职业画家。文人画家中有高级官员、一般官吏，以及普通文人。他们有一定传统文化修养、以绘画为业余爱好，并且作为怡情养性和社会交往的方式。在文人画家的作品中，强烈突出绘画的文学性和对笔墨的强调，重视画中的书法趣味和诗、书、画的进一步结合。赵孟頫是文人画最重要的代表人物。

　　文人画中山水画占有很大比重。早期名家在北方有高克恭和商琦，前者是久居大都的色目人，与赵孟頫并称为元初二大家。南方的领袖是赵孟頫及同乡好友钱选。黄公望、吴镇、倪瓒、王蒙被合称为元季四大家，都继承了被赵孟頫改造过的董源、巨然派山水画。盛懋是少数受到文人画影响而改变画风的职业画家之一。

　　木、石、梅、兰是文人画的主要题材，而且开始向水墨发展。赵孟頫创作了许多这类题材的作品，他的妻子管道昇对此也十分擅长。李衎是元朝前期享有盛名的画竹大家。遗民郑思肖是首屈一指的画兰名家，他画的兰花根茎都露在外面，表示故土沦丧。

任仁发《饮饲图》（局部）

  人物画历来在绘画中占有重要地位，但复杂的社会背景使文人画家们对画人不感兴趣。尽管如此，高手仍然很多：赵孟頫风格古朴，富有变化；水利专家任仁发师法唐人，保留了较多的传统手法，但也有自己的特点，在元初与赵孟頫齐名；钱选擅长人物故事，古朴淡雅，试图摆脱南宋院画的不良影响。

  在花鸟、界画、画马等其他方面，元朝的文人画也都有着很高的成就。

  元朝统治的百年中，由北宋末年的苏轼、米芾等人倡导发起的文人画得到了迅速的发展，绘画的风格也从写实向写意转进，创作中主观意兴的抒发代替了对自然景物的刻意求工，给中国的绘画史带来了革命性的变化。而在元朝特殊的背景下，有成就的画家不断涌现，使这个由落后的草原民族统治的时代，在艺术史上盛况空前。

杂剧

在经过了长期的酝酿和融汇之后,从宋杂剧和金院本发展而来的元杂剧作为中国第一种成熟的戏剧形式出现了。

在当时压抑汉人和南人的政策下,大批文人被迫从事他们原本看不起的职业,其中有一部分成为职业剧作家。他们的文化修养提升了元杂剧的品位,促进了元杂剧的繁荣,元杂剧的兴盛又为更多文人成为职业作家提供了条件。这些作家被称为"才人","书会"是才人们的同业团体,在大都有著名的"玉京书会",杭州有"武林书会",温州有"九山书会"等。

有名字可考的元代剧作家有130人左右,最著名的是关汉卿,他的剧本有一些至今仍然在舞台上演出,影响最大的是《感天动地窦娥冤》。始终不肯出仕的白朴以历史传说和爱情故事为主要题材,著有剧本15个,流传后世的只有寄托了他兴亡感慨的《唐明皇秋夜梧桐雨》和爱情喜剧《鸳鸯简墙头马上》。在元朝中期,马致远是重要作家,他的代表作是《破幽梦孤雁汉宫秋》。善于描写爱情

山西元代戏台

故事的大都人王实甫最重要的作品是《崔莺莺待月西厢记》，被普遍认为是中国爱情文学中的杰作。在元朝中叶以后的剧坛上，郑光祖是领军人物，当时已经与马致远、关汉卿、白朴被合称为元曲四大家，最能表现他的艺术风格的是《醉思乡王粲登楼》。

被称作"路岐"的演员也是推动元杂剧发展的重要力量，他们也被叫作"散乐""行院"或者"乐人"等，其中以女演员更受欢迎。杂剧演员多用艺名，女演员的艺名中往往带有"秀"字。本姓朱的珠帘秀是元朝前期最著名的演员，当时人称她"杂剧为当今独步"，晚辈们都敬仰地称她为"朱娘娘"，关汉卿等许多当时著名的剧作家都与她有交往。元朝中期，顺时秀成为风靡一时的明星。她本名郭顺卿，有诗形容她"意态由来看不足，揭帘半面已倾城"，可见其魅力。

在宋朝时就已经出现的"勾栏"和"瓦舍"是元杂剧演出的主要场所，以至到后来，勾栏成为元杂剧剧场的名称。根据演出团体的地位，演出元杂剧的场所还有农村的寺庙、酒楼茶肆，甚至直接在路边随处表演。演出的舞台也渐渐变成单独而且完整的建筑物，舞台从前期可以三面看，演变为只能在正面进行观赏。在剧场外边，演出前会贴出叫作"纸榜"和"招子"的广告，门前有专人收费，在舞台上方挂出的横额上写着剧团和主要演员的名字。这些现在司空见惯的事情，在当时都是元杂剧走向专业化的重要表现。

"忠都秀在此作场"壁画

科技篇

观星台

天文观测

在登上汗位的同一年，忽必烈就在上都设立了司天台，几年后又增设了回回司天台。将首都迁到大都后，为了编修新的历法，忽必烈大力网罗人才，建立太史院。大都司天台在公元1279年落成于大都的东城墙下，这里也是太史院的办公地点。当时汉地最优秀的天文人才齐聚一堂，刘秉忠的两个得意弟子数学家王恂和多才多艺的郭守敬是领军人物，前者负责历法的推算，后者负责仪器和观测。

司天台的最高层是观测台，使用的都是郭守敬设计制造的仪器，其中包括：将中国传统的浑仪加以简化、改造而成的简仪，这是13世纪世界上最杰出的天文测量仪器；仰仪是一台铜制中空的半球面形仪器，可以读出太阳此时在天球上的位置，还可以观测出日、月食发生的方位，亏缺部分的多少，以及各种食相发生的时刻等数据；浑象是一台天球仪，继承了张衡所创的水运浑象传统，内有机轮系统，可以用漏壶流水来推带，使之与实际的天球作同步运转。

为了制定历法的需要，郭守敬一共创制了十二件天文台上用的仪器，四件可携至野外观测用的仪器。利用这些仪器，郭守敬组织了一系列天文观测活动，对27个地点进行日影测量以及测定北极出地高度和春分、夏至、秋分、冬至的昼夜时刻；通过在大都历时三年半，共约200次的测量，定出准确的冬至时刻，再推算出与现代通用历法相同的一回归年时间长度；通过全天星表测定，测得恒星约2500颗；重新测定了黄道与赤道的交角，所得数据领先欧洲三个世纪……在这些实际观测的基础上，一部新的历法修成于公元1280年，忽必烈赐名为《授时历》。新历颁布不久，郭守敬的几个主要合作者相继去世，他独自主持完成了相关观测资料的整理和数据用标的编制。

在上都的回回司天台由来自西域的回回天文学家札马鲁丁主持，他为中国引进了七种天文仪器。公元1275年，札马鲁丁向忽必烈呈上了他以回回天文学为基础制定的《万年历》，但是这种历法只使用了不长的一段时间，并没有在中国推广。郭守敬曾经借鉴过札马鲁丁带来的仪器，但是这种科学上的交流并没能深入下去，所以对中国的天文学的影响十分有限。忽必烈将回回天文台作为一个独立的机构，主要负责回回历书的工作，与大都的司天台没有直接的联系。这使元朝的科学家们错失了了解世界其他地区天文学发展的机会。

| 铜方日晷

火药

公元 11 世纪到 13 世纪之间，中国一直处在分裂之中。辽、宋、西夏、金、蒙元之间长期的对峙和战争，使中国的军事科技得到迅猛的发展。这一时期，火器在战场上被大规模使用，对历史的发展产生了重要影响。

公元 1259 年，南宋的寿春府制造出了最早的管状射击火器"突火枪"。这种武器以巨竹为枪筒，利用火药燃烧爆炸产生的动力发射弹丸，可以说是后世枪炮的鼻祖，标志着中国的军事科技达到了新的高峰。通过战争，蒙古军获得了管状射击武器的技术，并且将这项技术进一步发展，制造出了管状金属射击武器。

经过改进的管状金属射击武器向两个方向发展，一种口径较大，发射炮石，使用时必须借助支架，通常称之为炮，是各种火炮的前身。另一种口径较小，可以单人操作，一般叫作铳，与枪类兵器有着密切的渊源关系。不过在当时，炮和铳这两个名称经常被混用，并没有特别严格的区分。

| 至顺三年铜火铳

| 至顺三年铜火铳铭文

　　元代的火炮用铜铸造而成，包括炮膛、药室和尾部三部分，炮口呈碗口状，比炮膛大出很多。使用时，火炮被安装在木架上，用铁栓将炮尾与木架相连接，通过在炮身下加垫木楔调整发射角度。当时的人们通过填放火药的数量来控制射击的距离，所以装入炮身的火药往往不仅填充药室，甚至装满炮膛。炮弹是圆形石头，放置在碗形炮口上，借助火药燃烧后膨胀的气体发射。

　　铳的整体结构与炮相似，但是口径小得多，管身也比较长，重量当然也轻很多。与主要用于守御关口或是攻城破坚的火炮相比，铳的射击距离比较远，穿透能力更强，适合用于野战中的冲锋陷阵。铳的尾部可以安装木柄，适于手持，而且在近战无法进行射击时，也能当作冷兵器使用。还有一种铳的变种，口径和重量都略大于普通的铳，在药室的上面铸有铜把手，便于手提，可以单人使用，也可双人操作。

元代的火药配制也有所发展，因而可以提供给炮和铳更大的威力。与宋代相比，元代的火药已经去除了各种杂质，可燃物比例增加，大致的配方是硝石占60%，硫黄占20%，木炭占20%。这种火药燃烧能力加强，可以产生更多的气体，爆炸力也随之增大。

阿拉伯人在与蒙古军的长期对抗中掌握了火药武器，又在14世纪与西班牙人的战争中将技术传进了欧洲。在那里，火药和火药武器比在中国发挥了更大的作用。

农学

元朝的统治者蒙古人虽然原本是游牧民族，但进入中原后，充分认识到了农业的重要性，所以采取了重农政策，专门设立管理农业、养蚕及水利灌溉等各种事务的政府机构，还实施了一系列措施，以保证农业生产的恢复和发展。在这样的大背景下，元代的农业科技有了很大的进步。对于季节、时令、气候和土壤等自然环境与农业生产之间的关系，元人已经有了很深刻的认识，尤其在新作物的引进和推广上，有着很好的表现，在此基础上，一批总结生产经验的农书纷纷问世。

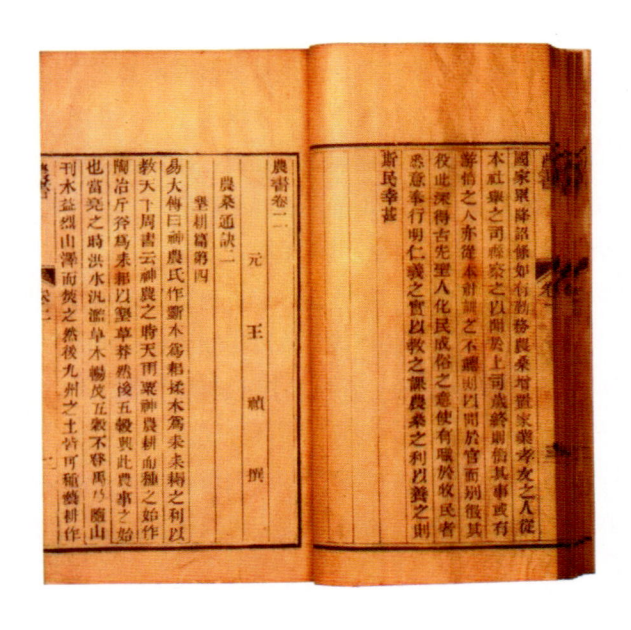

王祯《农书》

王祯《农书》中的"翻车"图

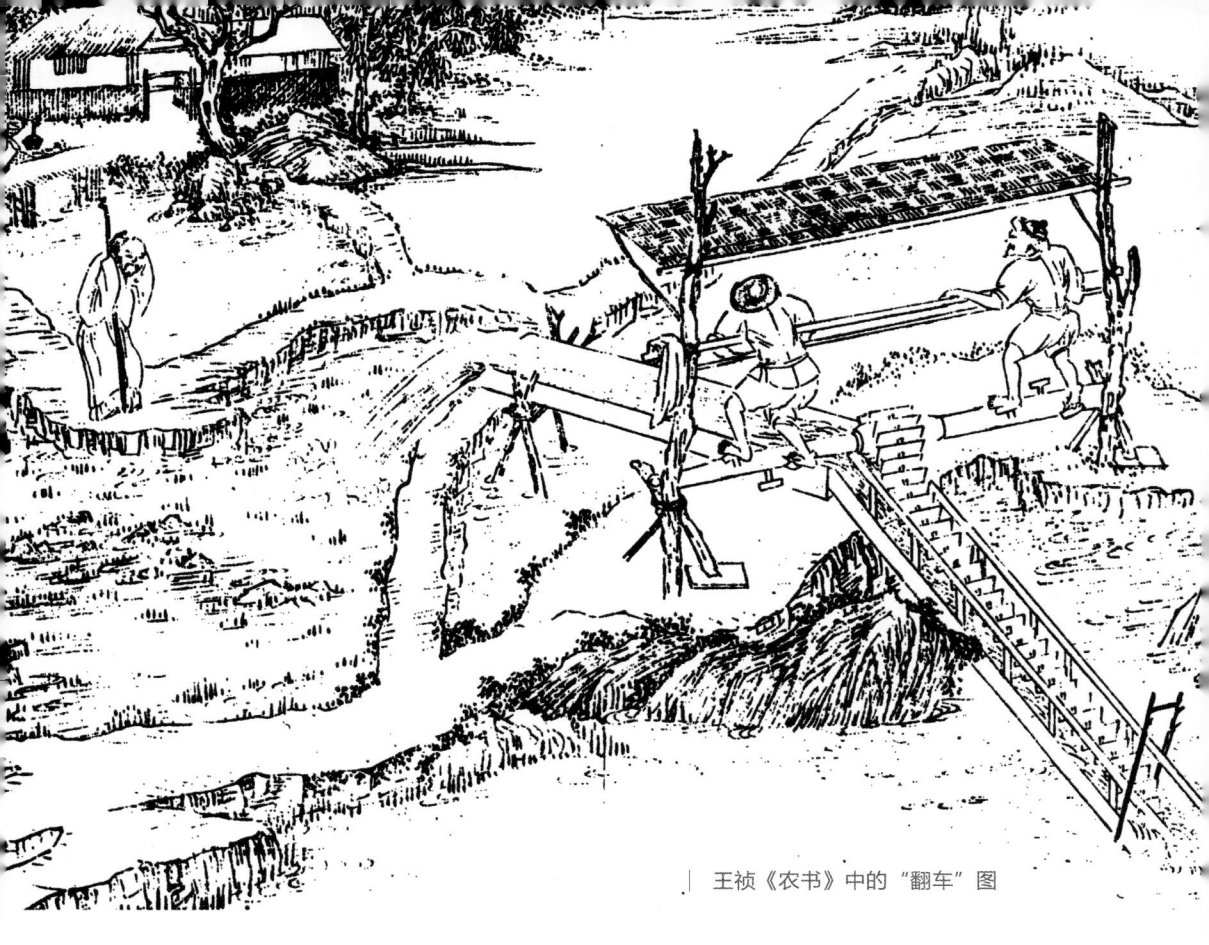

　　官修的农书有《农桑辑要》《农桑杂令》，私人撰写的各类农书约有十七种之多，传世的有王祯《农书》、鲁明善《农桑衣食撮要》、陆泳《吴下田家志》及《田家五行志佚文》等。其中以《农书》《农桑辑要》和《农桑衣食撮要》影响最大。

　　曾任过县尹的王祯所写的《农书》最终完成于公元1313年，全书分成《农桑通诀》《百谷谱》《农器图谱》三大部分，十三万余言，是我国第一部对全国范围的农业做系统研究的农学著作。书中最具特色的是《农器图谱》，收入大量关于农具、农业机械、灌溉工具、运输工具、纺织机械的绘图，涉及的各类农具有一百零三种之多，是我国农具史上的集大成之作，在中国农学史上也是空前的。从书中可以看出宋元时代农具的发展，犁、耙、耢、碌碡等工具配套后，使旱地耕作技术能够达到一些精细的技术要求，从而保证耕作质量。对于棉纺织业，《农书》也有很多记述。棉花的种植在元代逐渐广泛，长江下游的植棉业于宋末元初发展迅速，黄河中下游棉花的种植不晚于元初，一些技术措施至今仍有参考意义。

《农桑辑要》为元朝司农司主持编纂的综合性大型农书，完成于公元1273年，是我国现存最早的官农书。元政府先后数次下诏刊行，颁发给地方各级管农事的官员。畏兀儿人鲁明善编写的《农桑衣食撮要》重在实用，是农家历书性质的农书，而且总结了一些畜牧业的经验。

地理学

大一统的实现，使元朝出现了"皇元疆理无外之大"的局面，让人们对深入了解空前辽阔的疆域产生了浓厚的兴趣，于是地图作为重要的表现方式得到了发展的机会。

首先感受到认识地理状况迫切性的是政府，分裂和战争延续了数百年的中国，无论是行政区划，还是自然地貌都有了很大的改变，这无疑对实施有效的统治构成了极大的障碍。来自波斯的札马鲁丁在公元1285年向忽必烈提出了编纂全国地理图志的建议，得到皇帝的批准后，他成为这项工作的负责人。

| 黄河源图

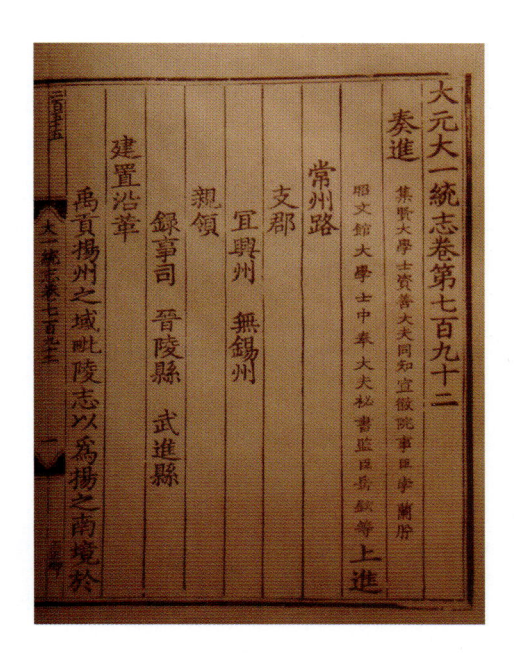

《大元大一统志》书影

　　在从公元1285年到公元1291年的几年时间里，札马鲁丁和他的同事们编成了一部755卷的《大一统志》，几年后又得到修订补充，最终于公元1303年形成了1300卷的《大元大一统志》，简称《元一统志》。《元一统志》每卷卷首都附有相关地区的彩色地图，在此基础上又绘制了表现全国地理形势的彩色大地图，用不同的颜色区分各个行省的位置和地形的差别。这是中国历史上第一幅彩色全国地图，可惜后来散佚不见了。

　　龙虎山张天师门下的朱思本专注于地图的绘制。他进行了长达二十余年的游历和考察，同时参考了大量地理学著作和各地政府部门收藏的地理资料和地方档案、方志资料，甚至还有包括藏文在内的少数民族文献。他采用源自魏晋时代的"计里画方"的绘图方法，在十年的努力之后，绘成一幅长宽各七尺的全国大地图，朱思本命名为《舆地图》。直到百年之后，《舆地图》仍然是中国最准确、最可靠的地图。

　　空前便利的交通对中国地理学的发展也有重要影响，阿拉伯地理学的许多内容随着东来的回回人传入了中国。札马鲁丁曾经把大量的阿拉伯地图和阿拉伯绘图法引进中国。这种绘图法已经以地球概念为背景，与朱思本使用的"计里画方"大不相同。札马鲁丁带来的仪器中还包括地球仪，在这个木制圆球上用白色表示陆地，绿色表示江、河、湖、海，并有经纬线组成的网格。

受到阿拉伯地理学影响的还有另外两幅未能流传的全国地图。李泽民在公元1330年左右绘制了《声教广被图》，从文献中得知，这幅地图涵盖的范围包括欧洲、阿拉伯半岛和非洲，非洲的轮廓已经非常完整，好望角的形状也很明确。天台山僧人清睿绘制的《混一疆理图》也有相似的情况。

混一疆理历代国都之图（局部）

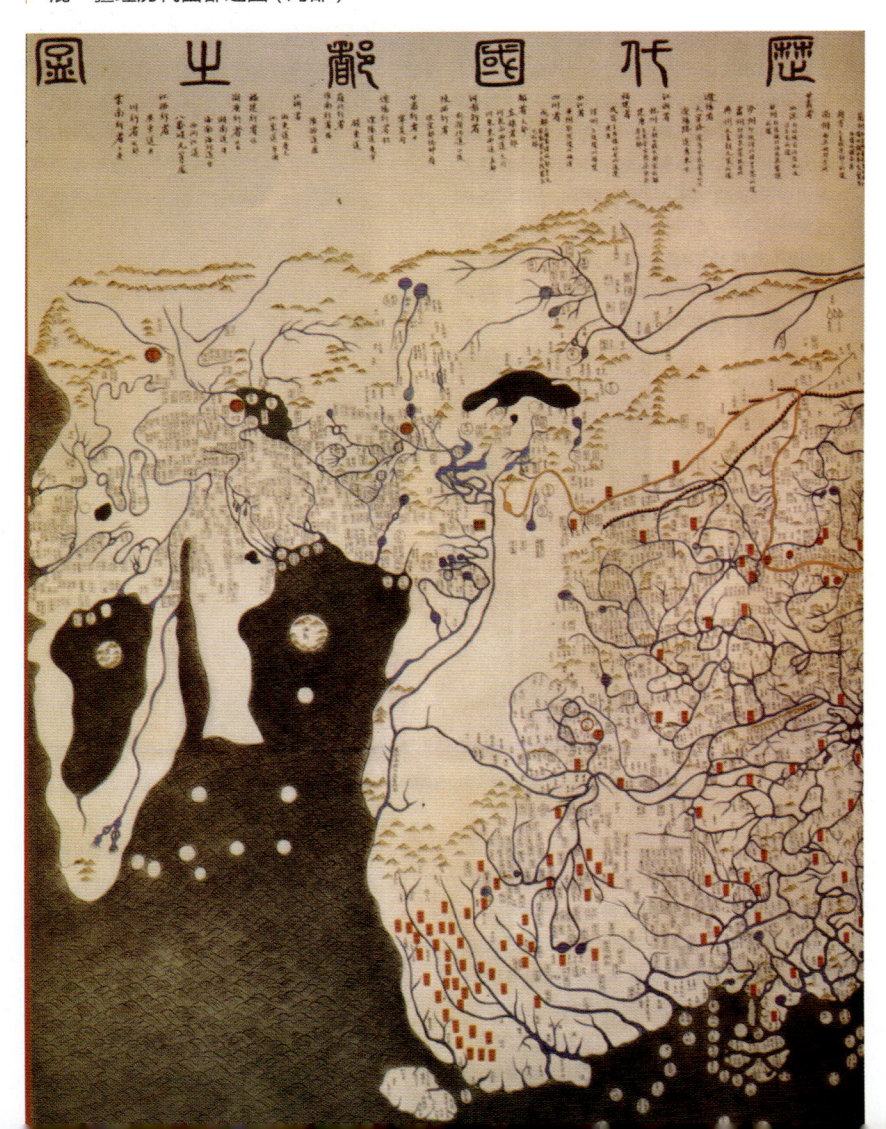

宗教篇

汉传佛教

公元 1214 年，年仅 13 岁的禅宗临济宗僧人海云印简被攻掠中原的蒙古军俘获，他意外地受到了蒙古人的尊重。禅宗是当时中原地区最有实力的宗教流派，而临济宗又传播最广，海云和他的师傅中观已经在北方颇具影响，所以他甚至得到了成吉思汗的特别关照。五年以后，远在西域的成吉思汗专门颁布命令，由海云和中观统领汉地的僧人，并免除他们的差役。

在以后的岁月里，海云的身份不仅是一名禅宗僧人，也扮演着蒙古大汗政治顾问的角色，在成吉思汗、窝阔台、贵由和蒙哥的时代，都有他活跃的表现。他死后，在修建元大都的时候，忽必烈特意下令让城墙拐了个弯，免得破坏其灵塔，以表示对他的尊崇。

曹洞宗的万松行秀是当时另一个禅宗领袖，成吉思汗身边的著名佛教徒耶律楚材曾经跟随他学法，并对他推崇不已。在万松的推动下，曹洞宗在北方形成了较大的势力。他的弟子雪庭福裕曾担任少林寺住持，并在忽必烈时代一度主管佛教事务。

元朝建立以后，藏传佛教在忽必烈的大力支持下崛起，八思巴成为全国佛教的最高领袖，原本风光无限的禅宗黯然失色。尽管政治上不得意，但是禅宗在社会上的影响越来越大。藏传佛教的内容和形式与中国传统相差太远，进入内地时间又短，所以主要流行于上层社会。而随着国家的统一，禅宗挟着几百年的宗风，在大江南北都有极大的发展，因此又引起了统治者的猜忌。

唐朝以来，佛教主要形成了三大宗派，禅宗讲究明心见性，教宗精通佛典，律宗重视修行戒律。公元 1288 年，忽必烈召集了禅宗和教宗的代表人物进行了辩论，在忽必烈的裁决下，认定教宗的地位高于禅宗。随着"崇教抑禅"政策的推行，禅、教之间的势力发生了很大变化。禅宗仍然是重要的佛教宗派，但是不复以往的显赫。

| 贴罗绣僧帽

    一些从佛教衍生出来的流派，在元代非常流行。白云宗、白莲教和糠禅在下层社会中都很有号召力，但是际遇差别很大。糠禅也叫头陀教，在金代被视作宗教异端而遭到禁止，在成吉思汗西征时期，糠禅的领袖与蒙古军建立了联系，从此逐渐演化为朝廷尊奉的一种宗教。白莲教和白云宗都曾受到政府的打击，后者渐渐绝迹，但白莲教却几次被禁又几次解禁，越受压制越壮大，甚至将信徒发展到上层贵族，最后终于成为推翻元朝的主要力量。

全真教

    金朝时，陕西人王嚞在山东沿海地区建立起一个叫全真道的教团。在众多追随者中，马钰、谭处端、刘处玄、丘处机、王处一、郝大通和孙不二七个弟子最受他看重。

王嚞死后，在弟子们的苦心经营下，全真道在中国北方声名鹊起，与太一道、真大道等共同成为新兴宗教的代表。随着影响的扩大，全真道越来越向传统的道教靠拢，以至人们把它视作道教的一个流派。到了丘处机掌教的时代，全真教已经完全是道家正统的气象，同时受到了当时并存的几个政权的重视。他虽然处于隐修状态，但对天下大势看得很清楚，在公元1219年先后推辞掉了金宣宗、宋宁宗的宣召，接受了成吉思汗的邀请，于第二年的正月，带领十八位弟子踏上了旅途。

两年以后，在兴都库什山北麓的行宫里，丘处机见到了成吉思汗。成吉思汗迫不及待地询问他是否带来了长生药，他回答有"卫生之道，而无长生之药"。丘处机的诚实博得了大汗的嘉许，因此得到许多优待，并且被称为"神仙"。为成吉思汗讲解"卫生之道"的过程中，丘处机规劝要清心寡欲、敬天爱民、少造杀孽等等。成吉思汗听进去多少不得而知，但表示出了极大的尊重，并给了丘处机"道家事一仰神仙处置"的地位和全真门人及道观免除赋税差发的优厚待遇。

从西域归来，丘处机的声望更加高涨。凭借着成吉思汗赐予的旨意和金虎牌，全真教在北方救援了数以万计在战乱中面临绝境的人们，门徒大增，因此在北方道教诸派中一门独尊，终于与南方有上千年历史的正一教并驾齐驱。

丘处机的政治远见使蒙古君主的宠信持续了三四十年，在这期间，全真教的地位比佛教和儒家还要优越。原本奉行清静寡欲的教派逐渐走向贵盛，宗旨和行为与创教初期相比发生了根本变化。全真门人倚仗特权追逐权势，横行无忌，引起了其他教派的不满。在几次元政府组织的佛道辩论以后，全真教受到沉重打击，又回到普通教派的地位。

| 丘处机拜见王重阳

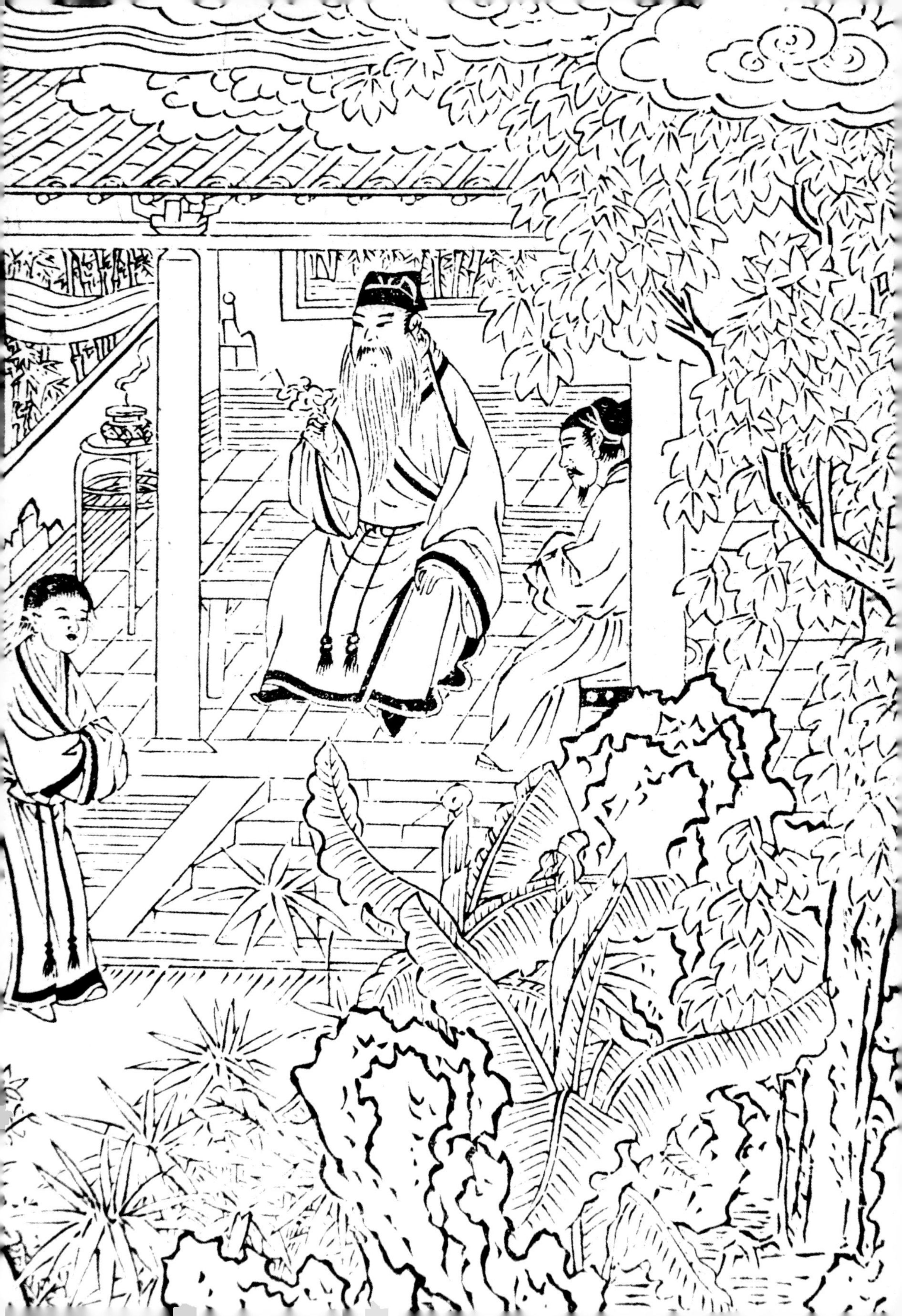

刘仲禄奉成吉思汗圣旨碑

　　这种情况直到元朝中期才有所缓解。由于在武宗即位事件中发挥了一定作用，全真教再次受到尊崇。王嘉等五位祖师被封为帝君，马钰、丘处机等全真七子被追封为真君，而随同丘处机西行的十八弟子也得到了真人的称号。重新抬起头来的全真教完全放弃了初衷，转而热衷与显贵们往来交游，竞赛富贵，比试豪奢，虽然一直传承了下去，但是再也没有什么作为。

正一教

　　公元1259年，指挥东路攻宋军团的忽必烈在鄂州一带与宋军交战。与此同时，他派人前往江西信州龙虎山请天师张可大占卜天下统一之事。到了这一代，天师道统已经传继了一千一百多年，与上清、灵宝两派并立为以使用符箓为特征的旧派道教的三大主流，除了山东曲阜的孔子后裔，中国再也找不出历史与威望能够凌驾其上的家族。

尽管就在五年前，宋理宗赐予了张可大"提举三山符箓、兼御前诸宫观教门公事、主领龙翔观"的显赫地位，使他一跃成为江南旧派道教的最高领袖，但是积三十四代先人教派经营经验的张可大还是根据敏锐的洞察力做出了预言：后二十年，天下当混一。可以想见，这样的话从张天师的口中说出，会对遭受蒙古大军威压的江南产生什么样的影响。

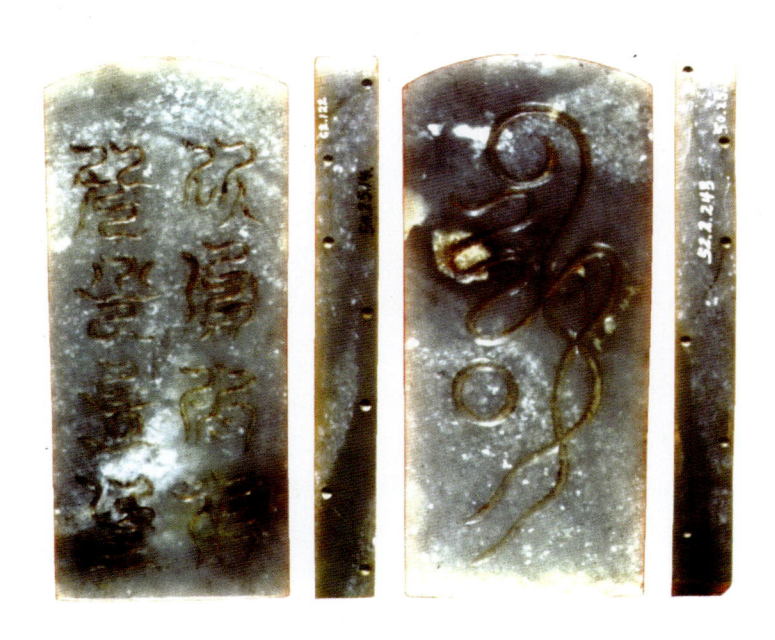

| 青玉清微令牌

元陈芝田（传）绘吴全节十四像并赞图卷

　　张天师的推算十分准确，二十年后正是公元1279年，这年年初，南宋王朝最后的孤臣孽子在崖山一战之后彻底烟消云散。不过三年前，临安陷落，江南初定，忽必烈便在大都召见了张可大之子，第三十六代天师张宗演，专门提到已故天师的预言。此后张宗演颇得皇帝的信任，多次入朝觐见。忽必烈曾经观看天师祖传信物玉印、宝剑，并对随侍的臣子发了一番感慨："王朝更替已经不知道换了多少代，可是天师的剑和印却可以子孙相传直至今日，难道真的有神明之相吗？"

　　作为回报，张宗演获得了主领江南诸路道教，赐二品银印的封赏。自此，张天师就成为元朝政府管理江南道教的代理人，依照元朝的宗教政策，实际也承担着扼制全真教发展的任务。历代皇帝对张天师多有加封，直到元朝灭亡。有元一代，张天师系统在政治上并不是十分活跃，但在宗教上，由于得到了政府的支持，并有主管江南道教的权限，所以比较顺利地将旧派道教中已经开始走下坡路的另两大体系上清派和灵宝派吸纳合并，形成正一派，与主要流行于北方的全真教并列为道教的两大流派。

张宗演的弟子张留孙在随从天师入朝的时候，因为应对得体，被忽必烈所看重。尔后他又为皇后和太子治病有功，因而得到重重的封赏。他在朝廷中获得的政治地位甚至已经超过了张天师。在朝廷有意无意地安排下，逐渐形成了一个以张留孙为首的天师支系——玄教，门下弟子并非很多，但往往有着较高的地位。这未尝不是对在江南有着深厚社会基础的天师系统的分化和抑制。

藏传佛教

佛教在西藏重新振兴之后，形成了藏传佛教这一新的体系，逐渐成为西藏社会的主导力量。又因为传承的不同，藏传佛教产生了多个流派。各教派在传播中与地方势力结合在一起，各自拥有势力范围，实际上掌握了地方的管辖权。

在形成过程中，藏传佛教吸收了很多西藏原始宗教的内容，与蒙古人崇信的萨满有许多相似之处，所以比起其他宗教来，更容易被蒙古人接受。萨迦班智达推动西藏归附蒙古以后，藏传佛教开始大规模进入蒙古社会。

四臂贡布

忽必烈给僧格贝的圣旨

公元 1253 年，蒙哥将西藏的主要地区分给了自己和兄弟们作为领地。这次分封使藏传佛教各派分别与蒙古权贵建立了密切联系。为了萨迦派能够继续保有自己的地位，八思巴很快凭借自己的宗教修养与渊博学识为忽必烈所赏识，并作为上师，向忽必烈及其王妃传授了密宗灌顶，同时确立了传法或人少的时候，上师居上座，其他时候，帝王居上座；处理吐蕃事务必须经过上师同意，其他大小事务，上师不能发表意见的规则。这可以说是元朝尊崇藏传佛教的真正开端。

元朝建立后，八思巴成为中国佛教的最高领袖。原本各种宗教待遇相仿，佛教略占上风，八思巴的攀升使藏传佛教享有更加特殊的地位，许多上层人物被封官拜爵，萨迦派的历代领袖更是被尊为帝师、国师，也因此掌控了西藏的政教大权。以后的历朝皇帝也都沉溺于藏传佛教，给了僧人过于优厚的待遇，演变到后来，藏传佛教变为元朝社会的一颗毒瘤。

历朝皇帝对藏传佛教领袖的赏赐数量非常惊人，而僧人们名目繁多的佛事活动所耗费的财富也是极为可观。仅公元 1317 年一年，政府供给佛事活动的就有面 439500 斤，油 79000 斤，酥 21870 斤，蜜 27300 斤，还不包括钱财的支出。这些主要是由藏传佛教消耗的。当时有"国家财富半入西番"的说法，元朝财政制度的败坏，和这种惊人的耗费很有关系。一些僧人又以"祈福"为名，要求政府释放囚犯，破坏法纪，甚至还介入朝廷政争。至于其他打着佛法旗号，为害四方的事情更是屡见不鲜。即使是在西藏僧人写的历史里面，也说元朝的僧侣绝大部分只是追求利禄和饮食男女的庸俗享乐，可见当时是一种什么样的状况。

基督教

蒙古军的第二次西征，极大地震动了基督教世界。公元1245年，当选不久的教皇派遣教士带着他的两封信出使蒙古，斥责蒙古人的侵略和屠杀，并劝蒙古人改信基督教。但贵由更为傲慢地命令他"和所有的君主一道，应立即前来为我们服役"，如果不遵守命令，"后果只有长生天知道"。

在蒙古语里，将基督教和基督教徒都称作"也里可温"。这个词来源于希腊语或者阿拉伯语，意思是有福分的人。成吉思汗统一蒙古诸部之前，草原上几个较为强大的部落汪古、克烈和乃蛮都已经信奉中国称为景教的基督教聂思脱里派。在成吉思汗家族中，蒙哥、忽必烈和旭烈兀的母亲唆鲁禾帖尼别吉、贵由的母亲和旭烈兀的元妃都是虔诚的景教徒。此外还有大量的景教徒作为大臣活跃在蒙古国早期诸汗的周围。

忽必烈统一中国以后，景教在中原和江南再次流传起来。景教的二十五个教区中，中国占了四个。大都、宁夏、甘州、镇江、西安、泉州、扬州、温州、昆明等地都建有景教教堂，到了公元1333年，教徒已经超过了三万人，其中有许多都是蒙古官员和贵族。不过在一些罗马教士的眼中，中国的景教徒大多是酗酒、多妻和盘剥重利之徒。

景教十字架

十字架瓷墓碑

公元1293年左右，罗马教士约翰·孟特·戈维诺将天主教传入了中国。第一年，他就劝说信奉景教的汪古部高唐王和部众改宗了天主教。在大都，经他受洗的天主教徒不下于六千人。公元1299年和公元1305年，孟特·戈维诺在大都先后建起了两座天主堂。公元1307年，罗马教廷委任他为大都大主教暨全东方总主教，随后又派遣了一批教士来中国。几年后，泉州也设立了主教区。在扬州，也有天主教士活动。

在元朝，也里可温的地位低于佛教和道教，而在伊斯兰教之上。公元1289年，元朝政府设立了崇福院，与领导道教的集贤院同级，专门管理基督教及其相关事务。经过教士们的努力，元代的也里可温信徒总共有数万人，主要是来自蒙古人和西域部族的色目人，汉人仍然对基督教缺乏了解，这使也里可温缺乏生存的深层基础，因此元朝一灭亡，基督教在中国就立即烟消云散了。

伊斯兰教

蒙古军三次西征之后，中亚和西亚的大批伊斯兰教信徒东迁中国，其中包括各地降附的贵族和官员，被俘掠的工匠或平民，先后归附或者强征来参战的军人，为政府服务的学者、教士，来中国经商因而留居的商人，以及随之而来的妇女和儿童。他们与唐、宋两代已经定居中国的阿拉伯人和波斯人的后裔一同构成了元朝疆域内信仰伊斯兰教的特殊群体。

对于这些人，元朝有专门的称呼。负责宗教事务的伊斯兰教经师被称作"答失蛮"，"木速蛮"则泛指信仰伊斯兰教的人，也就是穆斯林。这两个词都来自波斯语的音译。而在元朝的汉语里，对于信仰伊斯兰教的中亚各族人、波斯人和阿拉伯人则统称为"回回"，但是有的时候这个词也泛指所有的西域人和色目人。

北京牛街清真寺

由于较早被征服，这些穆斯林们在蒙古人心目中有着较高的信任度。大蒙古国时代已经有许多穆斯林在政府里担任重要职务，商人们更为活跃，他们为统治者们运营资本，谋取厚利。忽必烈则大力提拔以穆斯林为主的色目人牵制汉人。随着"四等人制"逐渐成形，穆斯林作为色目人的组成部分，成为仅次于蒙古人的特权阶层。

政治地位的提高对于伊斯兰教在中国的传播大有助益。赛典赤·赡思丁在治理云南的时候，在昆明和大理都有为数不少的穆斯林教徒，他在昆明修建了多达十二座清真寺。忽必烈的孙子阿难答自幼信奉伊斯兰教，袭封安西王以后，他在辖地内大力传播伊斯兰教，据说曾使部下的十五万名士兵改变了信仰。

元朝的穆斯林分布在全国各地，杭州、扬州、泉州等城市都是穆斯林比较集中的地方。元朝政府设立了回回哈的司，掌管穆斯林的宗教事务和刑事案件、民事案件等其他相关事务。哈的，在阿拉伯语中是法官的意思。为了对穆斯林进行教育，政府还设有回回国子学、回回国子监，讲授阿拉伯语。

伊斯兰教是外来宗教，缺乏本土基础，很难构成大的威胁，又没有统一的宗教领袖，对传教也不是非常热衷，再加上政府不是因为宗教原因才重用穆斯林，所以地位还是排在几大宗教之后。

| 泉州清净寺

风俗篇

袍服

面对一个多民族、多文化并存的国家，进入中原的蒙古统治者希望能够保持自己固有的传统。在生活中，他们仍然喜爱穿着草原上的服饰，这既是民族习惯，又是尽量避免被中原文化同化的努力。

最典型的蒙古服装是袍服，与中原和江南大多数民族的"左衽"习惯不同，蒙古袍服采用的是"右衽"方式。对蒙古人的生活作过详细观察的传教士鲁不鲁乞这样描述："这种长袍在前面开口，在右边扣扣子。"蒙古族无论男女，袍服都是主要服装，只是在形式上稍有不同。蒙古妇女的袍服更为宽松肥大，在欧洲传教士看来，"同修女的长袍一样宽大"，"而且无论从哪一方面看，都更宽大一些和更长一些"。不仅如此，贵族女性的袍服下襟往往能够盖住足部，衣边拖地，走路的时候需要有两个女奴在后边托着。

| 元成宗铁穆耳像 | 元宁宗皇后像 |

| 蒙古夫妻对坐图

　　早期的蒙古族制作袍服的材料非常简单，主要是毡子、动物的毛、皮，都直接来源于游牧生活。在一系列的征服之后，中原、江南、中亚和西亚的丝织品和棉织品被大量使用，其中不乏织金锦等名贵的织物。毛皮仍然是制作袍服的重要材料，做出的皮袍被蒙古人叫作"答忽"。为了在冬天御寒，蒙古人"总是至少做两件毛皮长袍，一件毛向里，另一件毛向外"。来自北方诸多被征服地区的贡品中，很重要的一项就是提供制作袍服所需的珍贵毛皮。进入元朝以后，皮袍仍然非常流行，忽必烈的皇后察必曾经在皮袍的基础上设计出了一种叫"比甲"的新式服装，前短后长，没有领子和袖子，在骑射时非常方便。

笠帽·罟罟冠

笠帽是蒙古族男子在夏天必戴之物，到了冬天，他们改戴皮制的暖帽。笠帽的顶部是圆的，周围有帽檐，帽檐有的形状为圆，有的前圆后方。按照汉族文人的解释，笠帽是从作战用的头盔发展来的。早期的笠帽没有前边的帽檐，有一次忽必烈在察必面前抱怨被日光刺痛了眼睛，于是这位皇后亲自设计了加上前檐的笠帽，忽必烈非常高兴，就把这种形式作为制度保留了下来。王公贵戚所用笠帽最主要的装饰品是珍珠和宝石，暖帽当然多数是用珍贵的皮毛制成，而且往往要与身上的袍服相配。

比起袍服和笠帽，罟罟冠更容易引起外族人兴趣，几乎每一个曾经前往草原地区并留下了文字记录的人都提起过这种独特的服饰习惯。"罟罟"这个词来自蒙古语的音译，在一些文献里也被写作姑姑、固姑、故姑等等，专门指蒙古已婚妇女所戴的冠帽。通过罟罟冠上所用的织物和装饰品，很容易分辨出妇女的地位高低。

加前檐笠帽

风俗篇

149

| 罟罟冠

　　这种形状奇特的帽子通常用树皮、树枝、铁丝等比较轻的材料为骨架，外面包上各种织物。罟罟冠的顶端呈正方形，从上至下，越收越细，在顶端的正中间或者旁边，插着一根羽毛或者细棒，上面用孔雀的翎毛作为装饰。在鲁不鲁乞的眼中，"当几位贵妇骑马同行，从远处看时，他们仿佛是头戴钢盔手持长矛的兵士，因为头饰看来像是一顶钢盔，而头饰顶上的一束羽毛或细棒则像一只长矛"。进入元朝以后，罟罟冠仍然在宫廷和蒙古贵族家庭中流行，只是更为华丽和奢侈。这种草原的普通服饰到了江南便让人觉得无比新奇，所以一旦出现就有了"江南有眼何曾见，争卷珠帘看固姑"的景象。

| 步打球图

蹴鞠·马球·步打球

　　随着征服的疆域不断扩大，蒙古人接触到了更多种形式的娱乐方式。唐代传入中国，此后历经宋、金始终盛行于上层社会的运动方式打马球在蒙古人中迅速流行起来。马球的"球"用皮制成，中间塞以绒毛，当时通常写作"毬"，打马球被称作"打毬""击鞠"。这是一种对抗性很强的体育运动，二十余名参赛者分为两队，在场地中纵马往来奔驰，场面蔚为壮观。骑手用木制的长柄球杖控制球，以将球打入立有双柱标记的球门为胜。这种比赛对参与者的骑术、胆量、臂力、相互配合等各方面都有很高的要求，所以能够被蒙古人接受并由衷地喜爱。入元以后，宫廷和驻守地方的贵族们在每年的端午和重阳这两天都会举行大规模的马球比赛，胜者会得到优厚的奖赏。在其他时候，有条件的贵胄子弟和军队中也会经常组织比赛和练习。

　　由于需要场地、装备、马匹等多方面条件，所以在民间打马球并不十分流行，与马球同时被称作"捶丸"的运动步打球更受欢迎。步打球也使用球杆，但不用骑马，也不用立球门，只是在地上挖一个叫作"窝儿"的洞穴，参与者步行击球，入"窝儿"者获胜。步打球盛行于宋代，元代在民间非常普及，尤其是风流子弟和浪荡少年们必精的技艺。在宫廷中，步打球也颇盛行，萨都剌的诗句"内臣净扫场中地，官里时来步打球"说的便是宫中辟有专门场地，皇帝经常以此为乐。当时有人写了一部《丸经》，记录了步打球的各种规则和技法。

马球图

| 蹴鞠图

　　另一种风靡全社会的球类运动是"蹴鞠",其普及程度还要高于打马球和步打球。所谓蹴鞠,就是用脚踢球,使用的球也是用皮制成,使用时吹气使其膨胀,所以也叫"气毬"。蹴鞠的对抗性较低,运动量也较小,但富于表演色彩,对技巧要求较高,元代的风流人物们常以精通此道自诩。关汉卿就是蹴鞠的好手,他的散曲中说"散闷消愁,唯蹴鞠最风流"。与其他运动不同,对蹴鞠的爱好不是男子的专利,许多青年女子和青楼妓女也经常以蹴鞠为乐。在宫廷生活中,蹴鞠也有一定地位。元武宗曾经想赏赐善于蹴鞠的近臣十五万贯钞,这即使是在生活极为奢侈的元代宫廷也是很大的一个数目,当然被大臣劝止,由此可以想见蹴鞠在宫廷娱乐中的影响。

骑射·围猎

　　来自广阔无垠大草原的蒙古人，从小就在马背上长大，同时还要学习骑射。曾经出使蒙古的西方传教士卡宾尼对此非常惊讶，他看到"小孩刚刚三两岁的时候，就开始骑马和驾驭马，并骑在马上飞跑，同时大人就把适合他们身材的弓给他们，教他们射箭"，而且不论男女，都是如此。战争之外，狩猎是蒙古人表现这种几乎是与生俱来的本领的最佳方式。

　　对于蒙古人来说，狩猎不仅能够获取食物和做衣服的毛皮，作为牧业生产的有效补充，还可以有效率地进行军事训练，同时也是不可缺少的娱乐方式，所以在蒙古人的生活中，狩猎与战争、宴饮并列为国家的三件大事。成吉思汗的将领们普遍认为打猎是人生最大的快乐，他本人也经常主持被汉人称之为"打围"的大规模围猎。这种围猎时间长达数月，参与者数万骑，完全按军事行动的方式进行，最后的猎获物数量惊人，更重要的是部队得到锻炼。以后的大汗、皇帝们对此更是热衷，不过寻欢作乐的意味远远大于获取食物或者军事训练。窝阔台抱着重病之身仍然不放弃打猎，结果中途死去。入主中原后，历朝皇帝借着每年前往上都的机会，都要搞几次围猎。

青花昭君出塞罐

海东青攫天鹅玉绦环

虽然对打猎如此狂热，但是蒙古人并不是一味地滥杀猎物，每次"打围"快要结束的时候，他们总会闪出一条通道，让余下的野兽逃生，而且狩猎的时间一定选择在秋、冬季节。元世祖忽必烈曾经为此专门下达旨意，宣布自正月初一至七月二十日之间，无论什么人打猎都会获罪。这样有利于各种野生动物的繁殖和生长，才能保障长期的经济效益和乐趣。当时的蒙古人虽然文化、科技都很落后，但对生存环境的关注和保护有着天然的重视。

饮酒

在早期的草原生活中，蒙古人的酒类饮料只有马奶酒，这是因为原料容易获得，而且制作技术简单。蒙古人将马奶放入大皮囊，然后用特制的棍棒快速搅拌，使马奶开始发酵，然后继续搅拌直至变为酒味。如果是王公贵族所饮用的，还要通过更长时间的搅拌，将马奶中固体的渣滓和酒液完全分离，最后的产品被称作黑马奶酒。尽管后来蒙古人接触到了更多种类的酒，但他们对马奶酒的喜爱始终未变。元朝宫廷里有专门的官员负责为皇帝和贵族制作马奶酒,还有专门的马群用来提供原料。但是这种酒对中原和江南的汉族社会影响不大,只有少数上层人物才对它有兴趣。

　　成吉思汗对中亚的征服,使这一地区的葡萄酒成为贡品,并且博得了蒙古人的欢心,在以后的宫廷宴会中经常会出现"酮官庭前列千斛,万瓮葡萄凝紫玉"的壮观场面。13世纪中叶出使蒙古的南宋官员对这种酒印象很深,还为没有机会多饮表示了小小的遗憾。南宋灭亡后,胜利者对亡国的君臣在生活上颇为优待,表现之一就是御厨配给供应葡萄酒。元朝建立后,与控制中亚地区的察合台汗国关系十分恶劣,那里的葡萄酒也断绝了供应,现在新疆的吐鲁番地区和山西成为最重要的产地。出于自然环境等多方面原因,山西的葡萄酒略逊一筹,吐鲁番地区主要承担了向宫廷进贡的任务。

　　当时的粮食酒是汉人社会中的重要饮料,主要以黍和糯米为原料,通过酒曲发酵而成。到了窝阔台时代,粮食酒在蒙古人内部已经非常流行,窝阔台也承认自己酷爱这种酒。忽必烈所设置的政府机构中就有专门负责酿造粮食酒的光禄寺,属下包括专门生产皇帝所用"细酒"的尚饮局、为诸王百官提供服务的尚酝局、管理原材料的澧源仓,而且同样的班子在大

葡萄酒瓶

醉归乐舞图壁画

都和上都各有一整套，可见需求有多么可观。就连居住在大都的高丽人都注意到，光禄寺所酿的酒质量远胜一般市集中所出售的，所以在他们聚会时也要设法搞到证明文件，从光禄寺讨要。

以上各种酒都是发酵而成，酒精含量不会很高。到了14世纪上半期，蒸馏技术从海外引入中国，通过这种技术，可以对马奶酒、葡萄酒、粮食酒进一步加工，从而得到酒精度数很高的蒸馏酒。这对于酒徒们来说，是一件很重要的事，对于酒的生产，更有着划时代的意义。所以很快蒸馏法就从宫廷传播开来，在民间广为普及。

结语

在中国历史上，元朝是唯一一个由北方草原游牧民族建立的统一王朝。尽管至今仍然有很多对这个朝代的非议，但不可否认的是，在现代中国形成的历史进程中，元朝是非常重要的一个阶段。元朝的建立结束了中国长期以来多政权并立、对峙的局面，并且使西藏、云南等地正式成为了中国版图的组成部分，实现了大一统，奠定了现代中国的版图框架。一些新的民族如蒙古族、回族出现，形成的民族格局延续至今，没有发生大的变化。在这个时期，中国前所未有地与众多其他国家、民族、文化之间建立起了广泛而密切的联系，甚至有人将此视为早期的全球化，文化传播、科技交流和商品贸易的规模之大，即使在今天看来，也足以令人惊叹。而当时中国人视野之广阔，甚至远远超过了几百年后的国人，这一点从能够在地图上相当准确地绘出好望角的轮廓可见一斑。多元文化相互撞击和交融，是元朝非常重要的时代特征，其结果深刻地影响了中国人的生活方式和精神世界。